TRANZLATY

Sprache ist für alle da

语言属于每个人

Der Ruf der Wildnis

野性的呼唤

Jack London
杰克·伦敦

Deutsch / 普通话

Ins Primitive
进入原始

Buck las keine Zeitungen
巴克不看报纸。

Hätte er die Zeitung gelesen, hätte er gewusst, dass Ärger im Anzug war.
如果他读过报纸，他就会知道麻烦即将来临。

Nicht nur er selbst, sondern jeder einzelne Tidewater-Hund bekam Ärger.
不仅他自己有麻烦，每一只潮水狗都遇到麻烦。

Jeder Hund mit starken Muskeln und warmem, langem Fell würde in Schwierigkeiten geraten.
每只肌肉发达、毛发温暖且长的狗都会遇到麻烦。

Von Puget Bay bis San Diego konnte kein Hund dem entkommen, was auf ihn zukam.
从普吉特湾到圣地亚哥，没有一只狗能够逃脱即将发生的一切。

Männer, die in der arktischen Dunkelheit herumtasteten, hatten ein gelbes Metall gefunden.
人们在北极的黑暗中摸索，发现了一种黄色的金属。

Dampfschiff- und Transportunternehmen waren auf der Jagd nach der Entdeckung.
轮船和运输公司都在追逐这一发现。

Tausende von Männern strömten ins Nordland.
数以千计的士兵涌入北国。

Diese Männer wollten Hunde, und die Hunde, die sie wollten, waren schwere Hunde.
这些人想要狗，而且他们想要的狗是重型狗。

Hunde mit starken Muskeln, die sie zum Arbeiten brauchen.
拥有强健肌肉、能吃苦耐劳的狗。

Hunde mit Pelzmantel, der sie vor Frost schützt.
狗有毛皮来抵御霜冻。

Buck lebte in einem großen Haus im sonnenverwöhnten Santa Clara Valley.

巴克住在阳光明媚的圣克拉拉谷的一所大房子里。

Der Ort, an dem Richter Miller wohnte, wurde sein Haus genannt.

这是米勒法官的住所，也就是他的房子。

Sein Haus stand etwas abseits der Straße, halb zwischen den Bäumen versteckt.

他的房子远离道路，半隐藏在树林中。

Man konnte einen Blick auf die breite Veranda erhaschen, die rund um das Haus verläuft.

人们可以瞥见环绕房屋的宽阔阳台。

Die Zufahrt zum Haus erfolgte über geschotterte Zufahrten.

通往房屋的路是碎石车道。

Die Wege schlängelten sich durch weitläufige Rasenflächen.

小路蜿蜒穿过宽阔的草坪。

Über ihnen waren die ineinander verschlungenen Zweige hoher Pappeln.

头顶上是高大的白杨树交错的枝干。

Auf der Rückseite des Hauses ging es noch geräumiger zu.

房子的后部空间更加宽敞。

Es gab große Ställe, in denen ein Dutzend Stallknechte plauderten

那里有大马厩，十几个马夫正在聊天

Es gab Reihen von weinbewachsenen Dienstbotenhäusern

有一排排爬满藤蔓的仆人小屋

Und es gab eine endlose und ordentliche Reihe von Toilettenhäuschen

还有一排排整齐排列的户外厕所

Lange Weinlauben, grüne Weiden, Obstgärten und Beerenfelder.

长长的葡萄架、绿色的牧场、果园和浆果园。

Dann gab es noch die Pumpanlage für den artesischen Brunnen.

然后还有自流井的抽水站。

Und da war der große Zementtank, der mit Wasser gefüllt war.

那里有一个装满水的大水泥罐。

Hier nahmen die Jungs von Richter Miller ihr morgendliches Bad.

米勒法官的儿子们在这里进行了晨间跳水。

Und auch dort kühlten sie sich am heißen Nachmittag ab.

在炎热的下午，它们也在那里降温。

Und über dieses große Gebiet herrschte Buck über alles.

在这片广阔的土地上，巴克是统治者。

Buck wurde auf diesem Land geboren und lebte hier sein ganzes vierjähriges Leben.

巴克在这片土地上出生，并在这里度过了他一生的四年。

Es gab zwar noch andere Hunde, aber die spielten keine wirkliche Rolle.

确实还有其他狗，但它们并不重要。

An einem so riesigen Ort wie diesem wurden andere Hunde erwartet.

在如此广阔的地方，预计还会有其他狗。

Diese Hunde kamen und gingen oder lebten in den geschäftigen Zwingern.

这些狗来来去去，或者住在繁忙的狗舍里。

Manche Hunde lebten versteckt im Haus, wie Toots und Ysabel.

有些狗像 Toots 和 Ysabel 一样，隐居在屋子里。

Toots war ein japanischer Mops, Ysabel ein mexikanischer Nackthund.

图茨是一只日本哈巴狗，伊莎贝尔是一只墨西哥无毛犬。

Diese seltsamen Kreaturen verließen das Haus kaum.

这些奇怪的生物很少走出屋子。

Sie berührten weder den Boden noch schnüffelten sie draußen an der frischen Luft.

它们没有接触地面，也没有嗅到外面的空气。

Außerdem gab es Foxterrier, mindestens zwanzig an der Zahl.

还有猎狐梗，数量至少有二十只。

Diese Terrier bellten Toots und Ysabel im Haus wild an.

这些梗犬在室内对着 Toots 和 Ysabel 凶猛地吠叫。

Toots und Ysabel blieben hinter Fenstern, in Sicherheit.

图茨和伊莎贝尔躲在窗户后面，没有受到伤害。

Sie wurden von Hausmädchen mit Besen und Wischmopps bewacht.

他们由拿着扫帚和拖把的女佣守护着。

Aber Buck war kein Haushund und auch kein Zwingerhund.

但巴克不是家犬，也不是犬舍犬。

Das gesamte Anwesen gehörte Buck als seinem rechtmäßigen Reich.

全部财产都属于巴克，是他的合法领地。

Buck schwamm im Becken oder ging mit den Söhnen des Richters auf die Jagd.

巴克在水箱里游泳或与法官的儿子们一起去打猎。

Er ging in den frühen oder späten Morgenstunden mit Mollie und Alice spazieren.

他总是在清晨或深夜与莫莉和爱丽丝一起散步。

In kalten Nächten lag er mit dem Richter vor dem Kaminfeuer der Bibliothek.

在寒冷的夜晚，他与法官一起躺在图书馆的火炉前。

Buck ließ die Enkel des Richters auf seinem starken Rücken herumreiten.

巴克用它强壮的背背载着法官的孙子们。

Er wälzte sich mit den Jungen im Gras und bewachte sie genau.

他和孩子们一起在草地上打滚，密切守护着他们。

Sie wagten sich bis zum Brunnen und sogar an den Beerenfeldern vorbei.

他们冒险前往喷泉，甚至穿过浆果田。

Unter den Foxterriern lief Buck immer mit königlichem Stolz.

在猎狐梗中，巴克总是带着高贵的骄傲。

Er ignorierte Toots und Ysabel und behandelte sie, als wären sie Luft.

他无视 Toots 和 Ysabel，把他们当空气一样对待。

Buck herrschte über alle Lebewesen auf Richter Millers Land.

巴克统治着米勒法官土地上的所有生物。

Er herrschte über Tiere, Insekten, Vögel und sogar Menschen

他统治着动物、昆虫、鸟类，甚至人类。

Bucks Vater Elmo war ein großer und treuer Bernhardiner gewesen.

巴克的父亲埃尔莫是一只体型巨大、忠诚的圣伯纳犬

Elmo wich dem Richter nie von der Seite und diente ihm treu.

艾摩从未离开过法官的身边，并忠实地为他服务。

Buck schien bereit, dem edlen Beispiel seines Vaters zu folgen.

巴克似乎准备效仿父亲的高尚榜样。

Buck war nicht ganz so groß und wog hundertvierzig Pfund.

巴克的体型没有那么大，体重只有一百四十磅。

Seine Mutter Shep war eine schöne schottische Schäferhündin gewesen.

他的母亲谢普（Shep）是一只优秀的苏格兰牧羊犬。

Aber selbst mit diesem Gewicht hatte Buck eine königliche Ausstrahlung.

但即使体重如此之重，巴克走路时依然带着高贵的气质。

Dies kam vom guten Essen und dem Respekt, der ihm immer entgegengebracht wurde.

这源于他一直以来所受到的美食和尊重。

Vier Jahre lang hatte Buck wie ein verwöhnter Adliger gelebt.

四年来，巴克过着像被宠坏的贵族一样的生活。

Er war stolz auf sich und sogar ein wenig egoistisch.

他对自己很骄傲，甚至有点自负。

Diese Art von Stolz war bei den Herren abgelegener Landstriche weit verbreitet.

这种骄傲在边远的国主中很常见。

Doch Buck hat es vermieden, ein verwöhnter Haushund zu werden.

但巴克避免了成为被宠坏的家犬。

Durch die Jagd und das Training blieb er schlank und stark.

他通过狩猎和锻炼保持了精瘦和强壮。

Er liebte Wasser zutiefst, wie Menschen, die in kalten Seen baden.

他深爱水，就像在冷湖中沐浴的人一样。

Diese Liebe zum Wasser hielt Buck stark und sehr gesund.

对水的热爱让巴克保持着强壮、健康的体魄。

Dies war der Hund, zu dem Buck im Herbst 1897 geworden war.

这就是巴克在 1897 年秋天变成的那只狗。

Als der Klondike-Angriff die Menschen in den eisigen Norden trieb.

当克朗代克矿脉将人们吸引到冰冻的北方时。

Menschen aus aller Welt strömten in das kalte Land.

人们从世界各地涌入这片寒冷的土地。

Buck las jedoch weder die Zeitungen noch verstand er Nachrichten.

然而，巴克不看报纸，也不懂新闻。

Er wusste nicht, dass es nicht gut war, Zeit mit Manuel zu verbringen.

他不知道曼努埃尔是个坏人。

Manuel, der im Garten half, hatte ein großes Problem.

在花园帮忙的曼努埃尔遇到了一个严重的问题。

Manuel war spielsüchtig nach der chinesischen Lotterie.

曼努埃尔沉迷于中国彩票赌博。

Er glaubte auch fest an ein festes System zum Gewinnen.

他也坚信固定的制胜体系。

Dieser Glaube machte sein Scheitern sicher und unvermeidlich.

这种信念使他的失败成为必然和不可避免的结果。

Um ein System zu spielen, braucht man Geld, und das fehlte Manuel.

玩系统需要钱，而曼努埃尔缺乏钱。

Sein Gehalt reichte kaum zum Überleben seiner Frau und seiner vielen Kinder.

他的工资仅够养活他的妻子和几个孩子。

In der Nacht, in der Manuel Buck verriet, war alles normal.

曼努埃尔背叛巴克的那天晚上，一切都很正常。

Der Richter war bei einem Treffen der Rosinenanbauervereinigung.

法官当时正在参加葡萄干种植者协会的会议。

Die Söhne des Richters waren damals damit beschäftigt, einen Sportverein zu gründen.

当时，法官的儿子们正忙着组建一个运动俱乐部。

Niemand sah, wie Manuel und Buck durch den Obstgarten gingen.

没有人看到曼努埃尔和巴克穿过果园离开。

Buck dachte, dieser Spaziergang sei nur ein einfacher nächtlicher Spaziergang.

巴克以为这次散步只是一次简单的夜间散步。

Sie trafen nur einen Mann an der Flaggenstation im College Park.

他们在学院公园的旗站只遇见了一个人。

Dieser Mann sprach mit Manuel und sie tauschten Geld aus.

那个男人和曼努埃尔交谈，然后他们交换了钱。

„Verpacken Sic die Waren, bevor Sie sie ausliefern", schlug er vor

他建议道："发货前先把货物包好。"

Die Stimme des Mannes war rau und ungeduldig, als er sprach.

男人说话的声音很粗鲁，带着一丝不耐烦。

Manuel band Buck vorsichtig ein dickes Seil um den Hals.

曼努埃尔小心翼翼地将一根粗绳子绑在巴克的脖子上。

„Verdreh das Seil, und du wirst ihn gründlich erwürgen"

"拧动绳子，你就能把他勒死"

Der Fremde gab ein Grunzen von sich und zeigte damit, dass er gut verstanden hatte.

陌生人咕哝了一声，表示他明白了。

Buck nahm das Seil an diesem Tag mit ruhiger und stiller Würde an.

那天，巴克平静而庄重地接受了绳子。

Es war eine ungewöhnliche Tat, aber Buck vertraute den Männern, die er kannte.

这是一个不寻常的举动，但巴克信任他认识的人。

Er glaubte, dass ihre Weisheit weit über sein eigenes Denken hinausging.

他相信他们的智慧远远超出了他自己的思维。

Doch dann wurde das Seil in die Hände des Fremden gegeben

但随后绳子就被交到了陌生人的手中。

Buck stieß ein leises, warnendes und zugleich bedrohliches Knurren aus.

巴克发出一声低沉的咆哮，带着无声的威胁和警告。

Er war stolz und gebieterisch und wollte seinen Unmut zum Ausdruck bringen.

他骄傲而威严，意在表达他的不满。

Buck glaubte, seine Warnung würde als Befehl verstanden werden.

巴克相信他的警告会被理解为命令。

Zu seinem Entsetzen zog sich das Seil schnell um seinen dicken Hals zusammen.

令他震惊的是，绳子紧紧地勒住了他粗壮的脖子。

Ihm blieb die Luft weg und er begann in plötzlicher Wut zu kämpfen.

他的呼吸被切断，他突然愤怒地开始战斗。

Er sprang auf den Mann zu, der Buck schnell mitten in der Luft traf.

他向那人扑去，那人很快在半空中与巴克相遇。

Der Mann packte Buck am Hals und drehte ihn geschickt in der Luft.

那人抓住巴克的喉咙，熟练地将他扭到空中。

Buck wurde hart zu Boden geworfen und landete flach auf dem Rücken.

巴克被重重地摔倒，仰面朝天地摔在地上。

Das Seil würgte ihn nun grausam, während er wild um sich trat.

当他疯狂地踢腿时，绳子残忍地勒住了他。

Seine Zunge fiel heraus, seine Brust hob und senkte sich, doch er bekam keine Luft.

他的舌头掉了下来，胸口起伏，但却没有呼吸。

Noch nie in seinem Leben war er mit solcher Gewalt behandelt worden.

他一生中从未遭受过如此暴力的对待。

Auch war er noch nie zuvor von solch tiefer Wut erfüllt gewesen.

他也从来没有感到过如此强烈的愤怒。

Doch Bucks Kraft schwand und seine Augen wurden glasig.

但巴克的力量逐渐减弱，他的眼神变得呆滞。

Er wurde ohnmächtig, als in der Nähe ein Zug angehalten wurde.

就在附近一列火车停下来时，他昏了过去。

Dann warfen ihn die beiden Männer schnell in den Gepäckwagen.

随后两人迅速将他扔进行李车。

Das nächste, was Buck spürte, war ein Schmerz in seiner geschwollenen Zunge.

巴克接下来感觉到的是肿胀的舌头疼痛。

Er bewegte sich in einem wackelnden Wagen und war nur schwach bei Bewusstsein.

他坐在摇晃的车里，意识模糊。

Das schrille Pfeifen eines Zuges verriet Buck seinen Standort.

火车的尖锐汽笛声告诉了巴克他的位置。

Er war oft mit dem Richter mitgefahren und kannte das Gefühl.

他经常和法官一起骑马，所以了解这种感觉。

Es war der einzigartige Schock, wieder in einem Gepäckwagen zu reisen.

这是再次乘坐行李车旅行时独特的震撼。

Buck öffnete die Augen und sein Blick brannte vor Wut.

巴克睁开双眼，目光中燃烧着愤怒。

Dies war der Zorn eines stolzen Königs, der vom Thron gejagt wurde.

这是一位被从王位上赶下来的骄傲国王的愤怒。

Ein Mann wollte ihn packen, doch stattdessen schlug Buck zuerst zu.

一个人伸手去抓他，但巴克先动手了。

Er versenkte seine Zähne in der Hand des Mannes und hielt sie fest.

他咬住男人的手，紧紧地握住。

Er ließ nicht los, bis er ein zweites Mal ohnmächtig wurde.

直到第二次昏过去，他才松手。

„Ja, hat Anfälle", murmelte der Mann dem Gepäckträger zu.

"是的，发作了，"那人对行李员低声说道。

Der Gepäckträger hatte den Kampf gehört und war näher gekommen.

行李员听到了打斗声并走近了。

„Ich bringe ihn für den Chef nach Frisco", erklärte der Mann.

"我要带他去旧金山见老板，"那人解释道。

„Dort gibt es einen tollen Hundearzt, der sagt, er könne sie heilen."

"那里有一位优秀的狗医生，他说他可以治好它们。"

Später in der Nacht gab der Mann seinen eigenen ausführlichen Bericht ab.

当晚晚些时候，该男子讲述了他的完整经历。

Er sprach aus einem Schuppen hinter einem Saloon am Hafen.

他在码头一家酒吧后面的棚子里发表了讲话。

„Ich habe nur fünfzig Dollar bekommen", beschwerte er sich beim Wirt.

"我只得到了五十美元，"他向酒吧服务员抱怨道。

„Ich würde es nicht noch einmal tun, nicht einmal für tausend Dollar in bar."

"我不会再这么做了，哪怕是为了一千美元现金。"

Seine rechte Hand war fest in ein blutiges Tuch gewickelt.

他的右手被一块沾满鲜血的布紧紧包裹着。

Sein Hosenbein war vom Knie bis zum Fuß weit aufgerissen.

他的裤腿从膝盖到脚被撕开了一道口子。

„Wie viel hat der andere Trottel verdient?", fragte der Wirt.

"另一个家伙得到了多少钱？"酒吧服务员问道。

„Hundert", antwortete der Mann, „einen Cent weniger würde er nicht nehmen."

"一百，"那人回答，"少一分钱他也不会收。"

„Das macht hundertfünfzig", sagte der Kneipenmann.

"一共一百五十，"酒吧老板说。

„Und er ist das alles wert, sonst bin ich nicht besser als ein Dummkopf."

"他值得我为他付出一切，否则我就和傻瓜没什么两样。"

Der Mann öffnete die Verpackung, um seine Hand zu untersuchen.

该男子打开包装纸检查他的手。

Die Hand war stark zerrissen und mit getrocknetem Blut verkrustet.

这只手被严重撕裂，上面布满了干涸的血迹。

„Wenn ich keine Tollwut bekomme ...", begann er zu sagen.

"如果我没有得恐水症……" 他开始说道。

„Das liegt wohl daran, dass du zum Hängen geboren wurdest", ertönte ein Lachen.

"那是因为你生来就是要挂的，" 一阵笑声传来。

„Komm und hilf mir, bevor du gehst", wurde er gebeten.

有人问道： "走之前先来帮我一下。"

Buck war von den Schmerzen in seiner Zunge und seinem Hals benommen.

巴克因舌头和喉咙疼痛而陷入昏迷。

Er war halb erwürgt und konnte kaum noch aufrecht stehen.

他被勒得半死，几乎站不起来。

Dennoch versuchte Buck, den Männern gegenüberzutreten, die ihm so viel Leid zugefügt hatten.

尽管如此，巴克还是试图面对那些伤害过他的人。

Aber sie warfen ihn nieder und würgten ihn erneut.

但他们又一次把他摔倒并勒住他的脖子。

Erst dann konnten sie sein schweres Messinghalsband absägen.

只有这样，他们才能锯掉他沉重的黄铜项圈。

Sie entfernten das Seil und stießen ihn in eine Kiste.

他们解开绳子，把他塞进一个板条箱里。

Die Kiste war klein und hatte die Form eines groben Eisenkäfigs.

这个箱子很小，形状像一个粗糙的铁笼子。

Buck lag die ganze Nacht dort, voller Zorn und verletztem Stolz.

巴克整晚躺在那里，心中充满愤怒和受伤的自尊。

Er konnte nicht einmal ansatzweise verstehen, was mit ihm geschah.

他无法理解自己身上到底发生了什么事。

Warum hielten ihn diese fremden Männer in dieser kleinen Kiste fest?

这些陌生人为什么要把他关在这个小箱子里？

Was wollten sie von ihm und warum diese grausame Gefangenschaft?

他们想要从他身上得到什么？为什么要对他进行如此
残酷的囚禁？

**Er spürte einen dunklen Druck, das Gefühl, dass das
Unglück näher rückte.**

他感到一股黑暗的压力；一种灾难正在逼近的感觉。

Es war eine vage Angst, die ihn jedoch schwer belastete.

这是一种模糊的恐惧，但它却沉重地压在他的心头。

Mehrmals sprang er auf, als die Schuppentür klapperte.

有好几次，当棚门嘎嘎作响时，他都跳了起来。

**Er erwartete, dass der Richter oder die Jungen erscheinen
und ihn retten würden.**

他希望法官或男孩们出现并拯救他。

**Doch jedes Mal lugte nur das dicke Gesicht des Wirts
hinein.**

但每次只有酒吧老板的胖脸向里面张望。

**Das Gesicht des Mannes wurde vom schwachen Schein
einer Talgkerze erhellt.**

一支牛脂蜡烛昏暗的光芒照亮了男人的脸。

**Jedes Mal verwandelte sich Bucks freudiges Bellen in ein
leises, wütendes Knurren.**

每次，巴克欢快的吠叫都会变成低沉而愤怒的咆哮。

Der Wirt ließ ihn für die Nacht allein in der Kiste zurück

酒吧老板把他独自留在板条箱里过夜

**Aber als er am Morgen aufwachte, kamen noch mehr
Männer.**

但当他早上醒来时，更多的人来了。

**Vier Männer kamen und hoben die Kiste vorsichtig und
wortlos auf.**

四个男人走了过来，一言不发地小心翼翼地抬起了板
条箱。

Buck wusste sofort, in welcher Situation er sich befand.

巴克立刻意识到自己所处的境地。

**Sie waren weitere Peiniger, die er bekämpfen und fürchten
musste.**

他们进一步折磨着他，他必须与之斗争，并惧怕他们
。

Diese Männer sahen böse, zerlumpt und sehr ungepflegt aus.

这些人看上去邪恶、衣衫褴褛，而且衣着很差。

Buck knurrte und stürzte sich wild durch die Gitterstäbe auf sie.

巴克咆哮着，透过栅栏凶猛地向他们扑来。

Sie lachten nur und stießen mit langen Holzstöcken nach ihm.

他们只是大笑并用长木棍戳他。

Buck biss in die Stöcke, dann wurde ihm klar, dass es das war, was ihnen gefiel.

巴克咬了咬树枝，然后意识到这就是它们喜欢的东西
。

Also legte er sich ruhig hin, mürrisch und vor stiller Wut brennend.

于是他静静地躺下，闷闷不乐，心中却燃烧着愤怒。

Sie hoben die Kiste auf einen Wagen und fuhren mit ihm weg.

他们把板条箱抬到一辆马车上，然后把他带走了。

Die Kiste mit Buck darin wechselte oft den Besitzer.

巴克被锁在箱子里，箱子经常易手。

Express-Büroangestellte übernahmen die Leitung und kümmerten sich kurz um ihn.

快递办公室的工作人员接手了此事，并对他进行了简单的处理。

Dann transportierte ein anderer Wagen Buck durch die laute Stadt.

然后另一辆马车载着巴克穿过喧闹的小镇。

Ein Lastwagen brachte ihn mit Kisten und Paketen auf eine Fähre.

一辆卡车将他连同箱子和包裹一起运上了渡船。

Nach der Überquerung lud ihn der Lastwagen an einem Bahndepot ab.

过境后，卡车将他卸在了火车站。

Schließlich wurde Buck in einen wartenden Expresswagen gesetzt.

最后，巴克被安置在一辆等候的快车车厢里。

Zwei Tage und Nächte lang zogen Züge den Schnellzug ab.

两天两夜，火车拉着特快车前行。

Buck hat während der gesamten schmerzhaften Reise weder gegessen noch getrunken.

在整个痛苦的旅途中，巴克既没吃也没喝。

Als die Expressboten versuchten, sich ihm zu nähern, knurrte er.

当快递员试图接近他时，他发出咆哮声。

Sie reagierten, indem sie ihn verspotteten und grausam hänselten.

他们以残酷的方式嘲笑和戏弄他。

Buck warf sich schäumend und zitternd gegen die Gitterstäbe

巴克猛地扑向铁栏，口吐白沫，浑身发抖

Sie lachten laut und verspotteten ihn wie Schulhofschläger.

他们大笑起来，像校园恶霸一样嘲笑他。

Sie bellten wie falsche Hunde und wedelten mit den Armen.

他们像假狗一样狂吠，并挥舞着手臂。

Sie krähten sogar wie Hähne, nur um ihn noch mehr aufzuregen.

它们甚至像公鸡一样啼叫，只是为了让他更加难过。

Es war dummes Verhalten und Buck wusste, dass es lächerlich war.

这是愚蠢的行为，巴克知道这很荒谬。

Doch das verstärkte seine Empörung und Scham nur noch.

但这只会加深他的愤怒和羞耻感。

Der Hunger plagte ihn während der Reise kaum.

旅途中他并没有太受饥饿的困扰。

Doch der Durst brachte starke Schmerzen und unerträgliches Leiden mit sich.

但口渴会带来剧烈的疼痛和难以忍受的痛苦。

Sein trockener, entzündeter Hals und seine Zunge brannten vor Hitze.

他的喉咙和舌头干燥发炎，灼热难耐。

Dieser Schmerz schürte das Fieber, das in seinem stolzen Körper aufstieg.

这种痛苦使他骄傲的身体里升起了高烧。

Buck war während dieses Prozesses für eine einzige Sache dankbar.

在这次审判中，巴克唯一感恩的就是一件事。

Das Seil um seinen dicken Hals war entfernt worden.

他粗壮脖子上的绳子已经解开了。

Das Seil hatte diesen Männern einen unfairen und grausamen Vorteil verschafft.

绳索给那些人带来了不公平且残酷的优势。

Jetzt war das Seil weg und Buck schwor, dass es nie wieder zurückkommen würde.

现在绳子不见了，巴克发誓它永远不会回来。

Er beschloss, sich nie wieder ein Seil um den Hals legen zu lassen.

他决心不再让绳子缠绕自己的脖子。

Zwei lange Tage und Nächte litt er ohne Essen.

漫长的两天两夜，他没有吃东西，苦不堪言。

Und in diesen Stunden baute sich in ihm eine enorme Wut auf.

在那几个小时里，他内心充满了愤怒。

Seine Augen wurden vor ständiger Wut blutunterlaufen und wild.

他的眼睛因持续的愤怒而变得布满血丝，充满狂野。

Er war nicht mehr Buck, sondern ein Dämon mit schnappenden Kiefern.

他不再是巴克，而是一个有着尖利下巴的恶魔。

Nicht einmal der Richter hätte dieses verrückte Wesen erkannt.

甚至连法官都不会认识这个疯狂的生物。

Die Expressboten atmeten erleichtert auf, als sie Seattle erreichten

快递员们到达西雅图后松了一口气

Vier Männer hoben die Kiste hoch und brachten sie in einen Hinterhof.

四个男人抬起板条箱并将其运送到后院。

Der Hof war klein und von hohen, massiven Mauern umgeben.

院子不大，四周都是高大坚固的围墙。

Ein großer Mann in einem ausgeleierten roten Pullover kam heraus.

一个身材高大的男人穿着松垮的红色毛衣走了出来。

Mit dicker, kühner Handschrift unterschrieb er das Lieferbuch.

他用粗壮的字体在交货簿上签名。

Buck spürte sofort, dass dieser Mann sein nächster Peiniger war.

巴克立刻意识到这个人就是他的下一个折磨者。

Er stürzte sich heftig auf die Gitterstäbe, die Augen rot vor Wut.

他猛烈地向栅栏猛扑过去，眼睛里充满了愤怒。

Der Mann lächelte nur finster und holte ein Beil.

那人只是阴沉地笑了笑，然后去拿一把斧头。

Er brachte auch eine Keule in seiner dicken und starken rechten Hand mit.

他还用粗壮有力的右手拿着一根球杆。

„Wollen Sie ihn jetzt rausholen?", fragte der Fahrer besorgt.

司机担心的问道："你现在要带他出去吗？"

„Sicher", sagte der Mann und rammte das Beil als Hebel in die Kiste.

"当然可以，"男人说着，把斧头插进板条箱，当作杠杆。

Die vier Männer stoben sofort auseinander und sprangen auf die Hofmauer.

四个人立刻四散开来，跳上了院子的围墙。

Von ihren sicheren Plätzen oben warteten sie, um das Spektakel zu beobachten.

他们在上面的安全地点等待观看这一奇观。

Buck stürzte sich auf das zersplitterte Holz, biss und zitterte heftig.

巴克猛扑向碎木头，猛烈地咬着，颤抖着。

Jedes Mal, wenn die Axt den Käfig traf, war Buck da, um ihn anzugreifen.

每次斧头砍到笼子时，巴克都会攻击它。

Er knurrte und schnappte vor wilder Wut und wollte unbedingt freigelassen werden.

他狂怒地咆哮着、撕咬着，渴望得到释放。

Der Mann draußen war ruhig und gelassen und konzentrierte sich auf seine Aufgabe.

外面的男人镇定而坚定，专心于自己的任务。

„Also gut, du rotäugiger Teufel", sagte er, als das Loch groß war.

"好吧，你这个红眼魔鬼，" 当洞变大时，他说。

Er ließ das Beil fallen und nahm die Keule in die rechte Hand.

他扔掉斧头，用右手拿起棍棒。

Buck sah wirklich aus wie ein Teufel; seine Augen blutunterlaufen und lodernd.

巴克看起来真的像个魔鬼；眼睛里布满血丝，怒火中烧。

Sein Fell sträubte sich, Schaum stand ihm vor dem Mund, seine Augen funkelten.

他的外套竖了起来，嘴里冒着泡沫，眼睛闪闪发光。

Er spannte seine Muskeln an und sprang direkt auf den roten Pullover zu.

他绷紧肌肉，径直向红色毛衣扑去。

Hundertvierzig Pfund Wut prasselten auf den ruhigen Mann zu.

一百四十磅的愤怒向这个平静的男人袭来。

Kurz bevor er die Zähne zusammenbiss, traf ihn ein schrecklicher Schlag.

就在他咬紧牙关之前，他遭受了一次可怕的打击。

Seine Zähne schnappten zusammen, nur Luft war im Spiel.

他的牙齿在空气中咬合

ein Schmerz durchfuhr seinen Körper

一阵剧痛传遍他的全身

Er machte einen Überschlag in der Luft und stürzte auf dem Rücken und der Seite zu Boden.

他在半空中翻转，然后背部和侧面着地。

Er hatte noch nie zuvor einen Knüppelschlag gespürt und konnte ihn nicht begreifen.

他以前从未感受过棍棒的打击，无法理解。

Mit einem kreischenden Knurren, das teils Bellen, teils Schreien war, sprang er erneut.

他发出一声尖锐的咆哮，一半是吠叫，一半是尖叫，然后再次跳跃。

Ein weiterer brutaler Schlag traf ihn und schleuderte ihn zu Boden.

又一次残酷的打击击中了他，并将他摔倒在地。

Diesmal verstand Buck – es war die schwere Keule des Mannes.

这回巴克明白了——那是那人的沉重棍棒。

Doch die Wut machte ihn blind, und an einen Rückzug dachte er nicht.

但愤怒蒙蔽了他的双眼，他没有退缩的念头。

Zwölfmal stürzte er sich in die Luft, und zwölfmal fiel er.

他跳伞十二次，坠落十二次。

Der Holzknüppel traf ihn jedes Mal mit unbarmherziger, vernichtender Kraft.

木棍每次都以无情、毁灭性的力量砸向他。

Nach einem heftigen Schlag kam er benommen und langsam wieder auf die Beine.

猛烈的一击之后，他踉跄着站了起来，头晕目眩，行动迟缓。

Blut lief aus seinem Mund, seiner Nase und sogar seinen Ohren.

他的嘴里、鼻子里、甚至耳朵里都流着血。

Sein einst so schönes Fell war mit blutigem Schaum verschmiert.

他曾经美丽的外套上沾满了血迹斑斑的泡沫。

Dann trat der Mann vor und versetzte ihm einen heftigen Schlag auf die Nase.

然后那人走上前去，狠狠地打了他的鼻子一拳。

Die Qualen waren schlimmer als alles, was Buck je gespürt hatte.

这种痛苦比巴克曾经感受过的任何痛苦都要剧烈。

Mit einem Brüllen, das eher an ein Tier als an einen Hund erinnerte, sprang er erneut zum Angriff.

他发出一声比狗更像野兽的吼叫，再次跳跃起来发起攻击。

Doch der Mann packte seinen Unterkiefer und drehte ihn nach hinten.

但那人抓住了他的下巴，并将其向后扭去。

Buck überschlug sich kopfüber und stürzte erneut hart auf den Boden.

巴克翻了个身，再次重重地摔倒在地。

Ein letztes Mal stürmte Buck auf ihn zu, jetzt konnte er kaum noch stehen.

最后一次，巴克向他冲过来，现在他几乎站不起来。

Der Mann schlug mit perfektem Timing zu und versetzte den letzten Schlag.

该名男子精准把握时机，给予了最后一击。

Buck brach bewusstlos und regungslos zusammen.

巴克倒在地上，失去意识，一动不动。

„Er ist kein Stümper im Hundezähmen, das sage ich", rief ein Mann.

"我说的是实话，他驯狗的技术真不错，"一名男子喊道。

„Druther kann den Willen eines Hundes an jedem Tag der Woche brechen."

"德鲁瑟可以在任何一天摧毁猎犬的意志。"

„Und zweimal an einem Sonntag!", fügte der Fahrer hinzu.

"而且是周日两次！"司机补充道。

Er stieg in den Wagen und ließ die Zügel knacken, um loszufahren.

他爬上马车，拉紧缰绳准备离开。

Buck erlangte langsam die Kontrolle über sein Bewusstsein zurück

巴克慢慢恢复了意识

aber sein Körper war noch zu schwach und gebrochen, um sich zu bewegen.

但他的身体仍然虚弱无力，无法动弹。

Er blieb liegen, wo er hingefallen war, und beobachtete den Mann im roten Pullover.

他躺在倒下的地方，看着那个穿红毛衣的男人。

„Er hört auf den Namen Buck", sagte der Mann und las laut vor.

"他的名字叫巴克，"那人大声读道。

Er zitierte aus der Notiz und den Einzelheiten, die mit Bucks Kiste geschickt wurden.

他引用了巴克的板条箱随附的便条和详细信息。

„Also, Buck, mein Junge", fuhr der Mann freundlich fort,

"好吧，巴克，我的孩子，"那人用友善的语气继续说道，

„Wir hatten unseren kleinen Streit, und jetzt ist es zwischen uns vorbei."

"我们刚刚吵了一架，现在一切都结束了。"

„Sie haben Ihren Platz kennengelernt und ich habe meinen kennengelernt", fügte er hinzu.

他补充道："你已经了解了自己的位置，我也了解了我的位置。"

„Sei brav, dann wird alles gut und das Leben wird angenehm sein."

"心存善念，万事如意，生活就会幸福美满。"

„Aber wenn du böse bist, schlage ich dir die Seele aus dem Leib, verstanden?"

"但如果你要是表现不好，我就把你打得落花流水，明白吗？"

Während er sprach, streckte er die Hand aus und tätschelte Bucks schmerzenden Kopf.

他一边说着，一边伸手拍了拍巴克疼痛的头。

Bucks Haare stellten sich bei der Berührung des Mannes auf, aber er wehrte sich nicht.

男人一碰巴克，他的汗毛就竖了起来，但他没有反抗。

Der Mann brachte ihm Wasser, das Buck in großen Schlucken trank.

那人给他拿来水，巴克大口大口地喝着。

Dann kam rohes Fleisch, das Buck Stück für Stück verschlang.

接下来是生肉，巴克一块块地吃着。

Er wusste, dass er geschlagen war, aber er wusste auch, dass er nicht gebrochen war.

他知道自己被打败了，但他也知道自己没有被打败。

Gegen einen mit einer Keule bewaffneten Mann hatte er keine Chance.

面对一个手持棍棒的人，他毫无抵抗能力。

Er hatte die Wahrheit erfahren und diese Lektion nie vergessen.

他已经了解了真相，并且永远不会忘记这个教训。

Diese Waffe war der Beginn des Gesetzes in Bucks neuer Welt.

那件武器是巴克新世界中法律的开端。

Es war der Beginn einer harten, primitiven Ordnung, die er nicht leugnen konnte.

这是他无法否认的严酷、原始秩序的开始。

Er akzeptierte die Wahrheit; seine wilden Instinkte waren nun erwacht.

他接受了事实；他的狂野本能现在已经苏醒。

Die Welt war härter geworden, aber Buck stellte sich ihr tapfer.

世界变得越来越残酷，但巴克勇敢地面对。

Er begegnete dem Leben mit neuer Vorsicht, List und stiller Stärke.

他以新的谨慎、狡猾和沉着的力量面对生活。

Weitere Hunde kamen an, an Seilen oder in Kisten festgebunden, so wie Buck.

更多的狗来了，像巴克一样被绑在绳子或笼子里。

Einige Hunde kamen ruhig, andere tobten und kämpften wie wilde Tiere.

有些狗很平静地过来，有些则像野兽一样愤怒地打斗。

Sie alle wurden der Herrschaft des Mannes im roten Pullover unterworfen.

他们全都被置于红毛衣男人的统治之下。

Jedes Mal sah Buck zu und sah, wie sich ihm die gleiche Lektion erschloss.

每次，巴克都会观察并看到同样的教训发生。

Der Mann mit der Keule war das Gesetz, ein Herr, dem man gehorchen musste.

手持棍棒的人就是法律；是必须服从的主人。

Er musste nicht gemocht werden, aber man musste ihm gehorchen.

他不需要被人喜欢，但他必须被人服从。

Buck schmeichelte oder wedelte nie mit dem Schwanz, wie es die schwächeren Hunde taten.

巴克从来不会像那些体弱的狗那样阿谀奉承或摇尾巴。

Er sah Hunde, die geschlagen wurden und trotzdem die Hand des Mannes leckten.

他看到被打的狗仍然舔着那个男人的手。

Er sah einen Hund, der überhaupt nicht gehorchte oder sich unterwarf.

他看到一只根本不听话、不顺从的狗。

Dieser Hund kämpfte, bis er im Kampf um die Kontrolle getötet wurde.

那只狗在争夺控制权的战斗中一直战斗到被杀死。

Manchmal kamen Fremde, um den Mann im roten Pullover zu sehen.

有时会有陌生人来看望这位穿红色毛衣的男人。

Sie sprachen in seltsamem Ton, flehten, feilschten und lachten.

他们用奇怪的语气说话、恳求、讨价还价、大笑。

Als das Geld ausgetauscht wurde, gingen sie mit einem oder mehreren Hunden.

换完钱后，他们就带着一只或多只狗离开。

Buck fragte sich, wohin diese Hunde gingen, denn keiner kam jemals zurück.

巴克想知道这些狗去了哪里，因为它们都没有回来。

Angst vor dem Unbekannten erfüllte Buck jedes Mal, wenn ein fremder Mann kam

每当有陌生人来访时，巴克都会感到恐惧

Er war jedes Mal froh, wenn ein anderer Hund mitgenommen wurde und nicht er selbst.

每次被带走的是另一只狗而不是自己，他都很高兴。

Doch schließlich kam Buck an die Reihe, als ein fremder Mann eintraf.

但最终，随着一个陌生男人的到来，巴克的转机到来了。

Er war klein, drahtig und sprach gebrochenes Englisch und fluchte.

他身材矮小，体格健壮，说着蹩脚的英语，还带着咒骂。

„Heilig!", schrie er, als er Bucks Gestalt erblickte.

当他看到巴克的身影时，他大叫道："天哪！"

„Das ist aber ein verdammter Rüpel! Wie viel?", fragte er laut.

"这真是条恶霸狗！嗯？多少钱？"他大声问道。

„Dreihundert, und für diesen Preis ist er ein Geschenk."

"三百，这价钱他算是一份礼物了。"

„Da es sich um staatliche Gelder handelt, sollten Sie sich nicht beschweren, Perrault."

"既然这是政府的钱，你就不应该抱怨，佩罗。"

Perrault grinste über den Deal, den er gerade mit dem Mann gemacht hatte.

佩罗对他刚刚与那人达成的交易笑了笑。

Aufgrund der plötzlichen Nachfrage waren die Preise für Hunde in die Höhe geschossen.

由于需求突然增加，狗的价格也随之飙升。

Dreihundert Dollar waren für so ein tolles Tier nicht unfair.

对于这样一头好野兽来说，三百美元并不算不公平。

Die kanadische Regierung würde bei dem Abkommen nichts verlieren

加拿大政府不会在交易中失去任何东西

Auch ihre offiziellen Depeschen würden während des Transports nicht verzögert.

他们的官方公报也不会在运输途中延误。

Perrault kannte sich gut mit Hunden aus und erkannte, dass Buck etwas Seltenes war.

佩罗非常了解狗，他知道巴克是一种罕见的狗。

„Einer von zehntausend", dachte er, als er Bucks Körperbau betrachtete.

当他观察巴克的体型时，他想："万分之一。"

Buck sah, wie das Geld den Besitzer wechselte, zeigte sich jedoch nicht überrascht.

巴克看到钱易手，但并不感到惊讶。

Bald wurden er und Curly, ein sanfter Neufundländer, weggeführt.

很快，他和一只温顺的纽芬兰犬 卷毛 就被带走了。

Sie folgten dem kleinen Mann aus dem Hof des roten Pullovers.

他们跟着小个子男人离开了穿红毛衣的院子。

Das war das letzte Mal, dass Buck den Mann mit der Holzkeule sah.

那是巴克最后一次见到这个拿着木棍的男人。

Vom Deck der Narwhal aus beobachtete er, wie Seattle in der Ferne verschwand.

从独角鲸号的甲板上，他看着西雅图渐渐消失在远方。

Es war auch das letzte Mal, dass er das warme Südland sah.

这也是他最后一次看到温暖的南国。

Perrault brachte sie unter Deck und ließ sie bei François zurück.

佩罗把他们带到甲板下，交给弗朗索瓦。

François war ein Riese mit schwarzem Gesicht und rauen, schwieligen Händen.

弗朗索瓦是一个黑脸巨人，双手粗糙，长满老茧。

Er war dunkelhäutig und hatte eine dunkle Hautfarbe, ein französisch-kanadischer Mischling.

他皮肤黝黑，是法裔加拿大混血儿。

Für Buck waren diese Männer von einer Art, die er noch nie zuvor gesehen hatte.

对于巴克来说，这些人是他从未见过的。

Er würde in den kommenden Tagen viele solcher Männer kennenlernen.

在未来的日子里，他会认识许多这样的人。

Er konnte sie zwar nicht lieb gewinnen, aber er begann, sie zu respektieren.

他并没有喜欢上他们，但却开始尊敬他们。

Sie waren fair und weise und ließen sich von keinem Hund so leicht täuschen.

他们公正而聪明，不会轻易被任何狗愚弄。

Sie beurteilten Hunde ruhig und bestraften sie nur, wenn es angebracht war.

他们冷静地评判狗，只对应得的惩罚进行处罚。

Im Unterdeck der Narwhal trafen Buck und Curly zwei Hunde.

在独角鲸号的下层甲板上，巴克和卷毛遇到了两只狗。

Einer war ein großer weißer Hund aus dem fernen, eisigen Spitzbergen.
其中一只来自遥远冰冷的斯匹茨卑尔根岛的大白狗。

Er war einmal mit einem Walfänger gesegelt und hatte sich einer Erkundungsgruppe angeschlossen.
他曾经跟随一艘捕鲸船航行并加入一个调查小组。

Er war auf eine schlaue, hinterhältige und listige Art freundlich.
他以一种狡猾、卑鄙和狡猾的方式表现出友好。

Bei ihrer ersten Mahlzeit stahl er ein Stück Fleisch aus Bucks Pfanne.
在他们第一次吃饭时，他从巴克的锅里偷了一块肉。

Buck sprang, um ihn zu bestrafen, aber François' Peitsche schlug zuerst zu.
巴克跳起来想要惩罚他，但弗朗索瓦的鞭子先打了过来。

Der weiße Dieb schrie auf und Buck holte sich den gestohlenen Knochen zurück.
白人小偷大叫一声，巴克夺回了被偷的骨头。

Diese Fairness beeindruckte Buck und François verdiente sich seinen Respekt.
这种公平给巴克留下了深刻的印象，弗朗索瓦也赢得了他的尊重。

Der andere Hund grüßte nicht und wollte auch nichts zurück.
另一只狗没有打招呼，也不希望得到任何回应。

Er stahl weder Essen noch beschnüffelte er die Neuankömmlinge interessiert.
他没有偷食物，也没有对新来的人感兴趣地嗅嗅。

Dieser Hund war grimmig und ruhig, düster und bewegte sich langsam.
这只狗冷酷而安静，阴郁而行动迟缓。

Er warnte Curly, sich fernzuhalten, indem er sie einfach anstarrte.

他只是怒视着 卷毛，警告她离她远点。

Seine Botschaft war klar: Lass mich in Ruhe, sonst gibt es Ärger.

他的意思很明确：别管我，否则会有麻烦。

Er hieß Dave und nahm seine Umgebung kaum wahr.

他叫戴夫，他几乎没有注意到周围的环境。

Er schlief oft, aß ruhig und gähnte ab und zu.

他经常睡觉，安静地吃饭，不时打哈欠。

Das Schiff summte ständig, während unten der Propeller schlug.

船底螺旋桨不停地轰鸣。

Die Tage vergingen, ohne dass sich viel änderte, aber das Wetter wurde kälter.

日子一天天过去，天气没有什么变化，只是越来越冷了。

Buck spürte es in seinen Knochen und bemerkte, dass es den anderen genauso ging.

巴克能够深刻地感受到这一点，并且注意到其他人也同样如此。

Dann blieb eines Morgens der Propeller stehen und alles war still.

后来有一天早上，螺旋桨停了下来，一切都静止了。

Eine Energie durchströmte das Schiff; etwas hatte sich verändert.

一股能量席卷了整艘船；有些东西已经改变了。

François kam herunter, legte ihnen die Leinen an und brachte sie hoch.

弗朗索瓦走下来，用皮带牵着它们，然后把它们带了上来。

Buck stieg aus und fand den Boden weich, weiß und kalt.

巴克走了出去，发现地面又软又白，而且很冷。

Er sprang erschrocken zurück und schnaubte völlig verwirrt.

他惊恐地跳了起来，困惑地哼了一声。

Seltsames weißes Zeug fiel vom grauen Himmel.

奇怪的白色物体从灰色的天空中落下。

Er schüttelte sich, aber die weißen Flocken landeten immer wieder auf ihm.

他摇了摇身子，但白色的雪花仍然落在他身上。

Er roch vorsichtig an dem weißen Zeug und leckte an ein paar eisigen Stückchen.

他仔细地嗅了嗅那白色的东西，并舔了几块冰。

Das Pulver brannte wie Feuer und verschwand dann einfach von seiner Zunge.

粉末像火一样燃烧，然后从他的舌头上消失了。

Buck versuchte es noch einmal und war verwirrt über die seltsame, verschwindende Kälte.

巴克又试了一次，他对奇怪消失的寒冷感到困惑。

Die Männer um ihn herum lachten und Buck war verlegen.

周围的人都笑了，巴克感到很尴尬。

Er wusste nicht warum, aber er schämte sich für seine Reaktion.

他不知道为什么，但他对自己的反应感到羞愧。

Es war seine erste Erfahrung mit Schnee und es verwirrte ihn.

这是他第一次见到雪，他感到很困惑。

Das Gesetz von Keule und Fang
棍棒与尖牙法则

Bucks erster Tag am Strand von Dyea fühlte sich wie ein schrecklicher Albtraum an.

巴克在戴亚海滩的第一天感觉就像一场可怕的噩梦。

Jede Stunde brachte neue Schocks und unerwartete Veränderungen für Buck.

每一个小时都会给巴克带来新的震惊和意想不到的变化。

Er war aus der Zivilisation gerissen und ins wilde Chaos gestürzt worden.

他被从文明社会中拉出来，陷入了混乱之中。

Dies war kein sonniges, faules Leben mit Langeweile und Ruhe.

这不是一种阳光、懒散、无聊和休息的生活。

Es gab keinen Frieden, keine Ruhe und keinen Moment ohne Gefahr.

没有和平，没有休息，也没有一刻不发生危险。

Überall herrschte Verwirrung und die Gefahr war immer in der Nähe.

混乱笼罩着一切，危险近在咫尺。

Buck musste wachsam bleiben, denn diese Männer und Hunde waren anders.

巴克必须保持警惕，因为这些人和狗都不一样。

Sie kamen nicht aus der Stadt, sie waren wild und gnadenlos.

他们并非来自城镇；他们野蛮且无情。

Diese Männer und Hunde kannten nur das Gesetz der Keule und der Reißzähne.

这些人和狗只知道棍棒和尖牙的法则。

Buck hatte noch nie Hunde so kämpfen sehen wie diese wilden Huskys.

巴克从未见过像这些凶猛的哈士奇一样打架的狗。

Seine erste Erfahrung lehrte ihn eine Lektion, die er nie vergessen würde.

他的第一次经历给了他一个永生难忘的教训。

Er hatte Glück, dass er es nicht war, sonst wäre auch er gestorben.

幸亏不是他，不然他也会死。

Curly war derjenige, der litt, während Buck zusah und lernte.

当巴克观察并学习时，卷毛却遭受着痛苦。

Sie hatten ihr Lager in der Nähe eines aus Baumstämmen gebauten Ladens aufgeschlagen.

他们在一座用原木搭建的商店附近扎营。

Curly versuchte, einem großen, wolfsähnlichen Husky gegenüber freundlich zu sein.

卷毛（卷毛）
试图对一只体型巨大、像狼一样的哈士奇表现友好。

Der Husky war kleiner als Curly, sah aber wild und böse aus.

这只哈士奇比 卷毛 小，但看上去狂野而凶猛。

Ohne Vorwarnung sprang er auf und schlug ihr ins Gesicht.

他毫无预兆地跳起来，划破了她的脸。

Seine Zähne schnitten in einer Bewegung von ihrem Auge bis zu ihrem Kiefer.

他的牙齿一下子从她的眼睛咬到了下巴。

So kämpften Wölfe: Sie schlugen schnell zu und sprangen weg.

这就是狼的战斗方式——快速攻击，然后跳开。

Aber es gab mehr zu lernen als nur diesen einen Angriff.

但值得我们学习的东西远不止那次袭击。

Dutzende Huskys stürmten herein und bildeten einen stillen Kreis.

几十只哈士奇冲了进来，默默地围成一圈。

Sie schauten aufmerksam zu und leckten sich hungrig die Lippen.

他们仔细地观察着，饥渴地舔着嘴唇。

Buck verstand weder ihr Schweigen noch ihre begierigen Blicke.

巴克不明白他们的沉默和热切的眼神。

Curly stürzte sich ein zweites Mal auf den Husky, um ihn anzugreifen.

卷毛第二次冲向哈士奇发起攻击。

Mit einer kräftigen Bewegung seiner Brust warf er sie um.

他用胸部用力一击将她撞倒。

Sie fiel auf die Seite und konnte nicht wieder aufstehen.

她倒在地上，无法再站起来。

Darauf hatten die anderen die ganze Zeit gewartet.

这正是其他人一直在等待的。

Die Huskies sprangen sie an und jaulten und knurrten wie wild.

哈士奇们跳到她身上，疯狂地尖叫和咆哮。

Sie schrie, als sie unter einem Haufen Hunde begruben.

当他们把她埋在一堆狗下面时，她尖叫起来。

Der Angriff erfolgte so schnell, dass Buck vor Schreck erstarrte.

攻击速度太快了，巴克吓得呆在原地。

Er sah, wie Spitz die Zunge herausstreckte, als würde er lachen.

他看到斯皮茨伸出舌头，看起来像是在笑。

François schnappte sich eine Axt und rannte direkt in die Hundegruppe hinein.

弗朗索瓦抓起一把斧头，径直冲进狗群。

Drei weitere Männer halfen mit Knüppeln, die Huskies zu vertreiben.

另外三名男子用棍棒帮忙把哈士奇赶走。

In nur zwei Minuten war der Kampf vorbei und die Hunde waren verschwunden.

仅仅两分钟，战斗就结束了，狗也消失了。

Curly lag tot im roten, zertrampelten Schnee, ihr Körper war zerfetzt.

科莉死在了被踩踏的红色雪地里，她的身体被撕裂了

Ein dunkelhäutiger Mann stand über ihr und verfluchte die brutale Szene.

一个皮肤黝黑的男人站在她面前，咒骂着这残酷的场面。

Die Erinnerung blieb bei Buck und verfolgte ihn nachts in seinen Träumen.

这段记忆一直留在巴克的心里，并让他夜里梦到这些事情。

So war es hier: keine Fairness, keine zweite Chance.

这就是这里的现状；没有公平，没有第二次机会。

Sobald ein Hund fiel, töteten die anderen ihn gnadenlos.

一旦有一只狗倒下，其他狗就会毫不留情地杀死它。

Buck beschloss damals, dass er niemals zulassen würde, dass er fällt.

巴克当时就决定，他决不允许自己跌倒。

Spitz streckte erneut die Zunge heraus und lachte über das Blut.

斯皮茨再次吐出舌头，对着鲜血大笑。

Von diesem Moment an hasste Buck Spitz aus vollem Herzen.

从那一刻起，巴克就打心底里恨起了斯皮茨。

Bevor Buck sich von Curlys Tod erholen konnte, passierte etwas Neues.

巴克还没来得及从卷毛的死中恢复过来，新的事情又发生了。

François kam herüber und schnallte etwas um Bucks Körper.

弗朗索瓦走了过来，用某样东西绑住了巴克的身体。

Es war ein Geschirr wie das, das auf der Ranch für Pferde verwendet wurde.

这是一种类似于牧场上马匹所用的马具。

Buck hatte gesehen, wie Pferde arbeiteten, und nun musste auch er arbeiten.

巴克曾经见过马匹工作，现在他也必须工作。

Er musste François auf einem Schlitten in den nahegelegenen Wald ziehen.

他必须用雪橇把弗朗索瓦拉进附近的森林。

Anschließend musste er eine Ladung schweres Brennholz zurückziehen.

然后他又得拉回一担沉沉的柴火。

Buck war stolz und deshalb tat es ihm weh, wie ein Arbeitstier behandelt zu werden.

巴克很骄傲，所以被当作工作动物对待让他很伤心。

Aber er war klug und versuchte nicht, gegen die neue Situation anzukämpfen.

但他很明智，并没有试图对抗新的情况。

Er akzeptierte sein neues Leben und gab bei jeder Aufgabe sein Bestes.

他接受了新的生活，并在每项任务中尽最大努力。

Alles an der Arbeit war ihm fremd und ungewohnt.

工作的一切对他来说都是陌生的、不熟悉的。

François war streng und verlangte unverzüglichen Gehorsam.

弗朗索瓦非常严格，要求下属毫不拖延地服从。

Seine Peitsche sorgte dafür, dass jeder Befehl sofort befolgt wurde.

他的鞭子确保每条命令都立即得到执行。

Dave war der Schlittenführer, der Hund, der dem Schlitten hinter Buck am nächsten war.

戴夫是推车手，是巴克后面距离雪橇最近的狗。

Dave biss Buck in die Hinterbeine, wenn er einen Fehler machte.

如果巴克犯了错误，戴夫就会咬巴克的后腿。

Spitz war der Leithund und in dieser Rolle geschickt und erfahren.

斯皮茨是领头犬，技术娴熟，经验丰富。

Spitz konnte Buck nicht leicht erreichen, korrigierte ihn aber trotzdem.

斯皮茨无法轻易接近巴克，但仍然纠正了他。

Er knurrte barsch oder zog den Schlitten auf eine Art, die Buck etwas beibrachte.

他严厉地咆哮着，或者用教导巴克的方式拉雪橇。

Durch dieses Training lernte Buck schneller, als alle erwartet hatten.

在这样的训练下，巴克的学习速度比他们任何人预想的都要快。

Er hat hart gearbeitet und sowohl von François als auch von den anderen Hunden gelernt.

他努力工作并向弗朗索瓦和其他狗学习。

Als sie zurückkamen, kannte Buck die wichtigsten Befehle bereits.

当他们回来时，巴克已经知道了关键的命令。

Von François hat er gelernt, beim Laut „ho" anzuhalten.

他从弗朗索瓦那里学会了听到"ho"的声音就停下来

Er lernte, wann er den Schlitten ziehen und rennen musste.

他学会了何时拉着雪橇奔跑。

Er lernte, in den Kurven des Weges ohne Probleme weit abzubiegen.

他学会了在小路的弯道处轻松转弯。

Er lernte auch, Dave auszuweichen, wenn der Schlitten schnell bergab fuhr.

他还学会了当雪橇快速下坡时避开戴夫。

„Das sind sehr gute Hunde", sagte François stolz zu Perrault.

"它们是非常好的狗，" 弗朗索瓦自豪地告诉佩罗。

„Dieser Buck zieht wie der Teufel – ich bringe ihm das so schnell bei, wie ich nur kann."

"那只巴克拉东西非常厉害——
我教他速度非常快。"

Später am Tag kam Perrault mit zwei weiteren Huskys zurück.

当天晚些时候，佩罗又带着两只哈士奇犬回来了。

Ihre Namen waren Billee und Joe und sie waren Brüder.

他们的名字是比利（Billee）和乔
（Joe），他们是兄弟。

Sie stammten von derselben Mutter, waren sich aber überhaupt nicht ähnlich.

他们虽然出自同一个母亲，但却完全不同。

Billee war gutmütig und zu allen sehr freundlich.

Billee 性格温和，对每个人都很友好。

Joe war das Gegenteil – ruhig, wütend und immer am Knurren.

乔则相反——安静、易怒，而且总是咆哮。

Buck begrüßte sie freundlich und blieb beiden gegenüber ruhig.

巴克以友好的方式向他们打招呼，并且对两人都很平静。

Dave schenkte ihnen keine Beachtung und blieb wie üblich still.

戴夫没有理会他们，像往常一样保持沉默。

Um seine Dominanz zu demonstrieren, griff Spitz zuerst Billee und dann Joe an.

斯皮茨首先攻击比利，然后是乔，以显示他的统治地位。

Billee wedelte mit dem Schwanz und versuchte, freundlich zu Spitz zu sein.

比利摇着尾巴，试图对斯皮茨表现得友好。

Als das nicht funktionierte, versuchte er stattdessen wegzulaufen.

当此举无效时，他便试图逃跑。

Er weinte traurig, als Spitz ihn fest in die Seite biss.

当斯皮茨用力咬他的侧面时，他伤心地哭了。

Aber Joe war ganz anders und ließ sich nicht einschüchtern.

但乔却截然不同，他拒绝被欺负。

Jedes Mal, wenn Spitz näher kam, drehte sich Joe schnell um, um ihm in die Augen zu sehen.

每次斯皮茨靠近，乔就会快速转身面对他。

Sein Fell sträubte sich, seine Lippen kräuselten sich und seine Zähne schnappten wild.

他的毛发竖了起来，嘴唇卷曲，牙齿疯狂地咬着。

Joes Augen glänzten vor Angst und Wut und forderten Spitz heraus, zuzuschlagen.

乔的眼里闪烁着恐惧和愤怒，挑衅斯皮茨并发起攻击

Spitz gab den Kampf auf und wandte sich gedemütigt und wütend ab.

斯皮茨放弃了反抗，转身离开，感到羞辱和愤怒。

Er ließ seine Frustration an dem armen Billee aus und jagte ihn davon.

他把自己的沮丧发泄在可怜的比利身上，并把他赶走了。

An diesem Abend fügte Perrault dem Team einen weiteren Hund hinzu.

那天晚上，佩罗的队伍里又增加了一只狗。

Dieser Hund war alt, mager und mit Kampfnarben übersät.

这只狗又老又瘦，浑身都是战争留下的伤疤。

Eines seiner Augen fehlte, doch das andere blitzte kraftvoll auf.

他的一只眼睛不见了，但另一只眼睛却闪烁着力量。

Der neue Hund hieß Solleks, was „der Wütende" bedeutet.

这只新狗的名字叫 Solleks，意思是"愤怒的人"。

Wie Dave verlangte Solleks nichts von anderen und gab nichts zurück.

和戴夫一样，索莱克斯不向别人索取任何东西，也不给予任何回报。

Als Solleks langsam ins Lager ging, blieb sogar Spitz fern.

当索莱克斯慢慢走进营地时，就连斯皮茨也躲开了。

Er hatte eine seltsame Angewohnheit, die Buck unglücklicherweise entdeckte.

他有一个奇怪的习惯，巴克很不幸地发现了这一点。

Solleks hasste es, von der Seite angesprochen zu werden, auf der er blind war.

索莱克斯讨厌别人从他看不见的地方接近他。

Buck wusste das nicht und machte diesen Fehler versehentlich.

巴克不知道这一点，所以无意中犯了这个错误。

Solleks wirbelte herum und versetzte Buck einen schnellen, tiefen Schlag auf die Schulter.

索莱克斯旋转身子，迅速而深地砍向巴克的肩膀。

Von diesem Moment an kam Buck nie wieder in die Nähe von Solleks' blinder Seite.

从那一刻起，巴克再也没有靠近索莱克斯的盲区。

Für den Rest ihrer gemeinsamen Zeit gab es nie wieder Probleme.

在他们在一起的剩余时间里，他们再也没有遇到过麻烦。

Solleks wollte nur in Ruhe gelassen werden, wie der ruhige Dave.

索莱克斯只想独处，就像安静的戴夫一样。

Doch Buck erfuhr später, dass jeder von ihnen ein anderes geheimes Ziel hatte.

但巴克后来得知，他们各自都有另一个秘密目标。

In dieser Nacht stand Buck vor einer neuen und beunruhigenden Herausforderung: Wie sollte er schlafen?

那天晚上，巴克面临着一个新的、令人困扰的挑战——如何入睡。

Das Zelt leuchtete warm im Kerzenlicht auf dem schneebedeckten Feld.

雪原上的帐篷在烛光的照耀下显得温暖。

Buck ging hinein und dachte, er könnte sich dort wie zuvor ausruhen.

巴克走了进去，心想他可以像以前一样在那里休息。

Aber Perrault und François schrien ihn an und warfen Pfannen.

但佩罗和弗朗索瓦对他大喊大叫，并扔平底锅。

Schockiert und verwirrt rannte Buck in die eisige Kälte hinaus.

巴克感到震惊和困惑，便跑进了严寒之中。

Ein bitterkalter Wind stach ihm in die verletzte Schulter und ließ seine Pfoten erfrieren.

凛冽的寒风刺痛了他受伤的肩膀，冻僵了他的爪子。

Er legte sich in den Schnee und versuchte, im Freien zu schlafen.

他躺在雪地里，试图在户外睡觉。

Doch die Kälte zwang ihn bald, heftig zitternd wieder aufzustehen.

但寒冷很快迫使他站起来，浑身颤抖。

Er wanderte durch das Lager und versuchte, ein wärmeres Plätzchen zu finden.

他在营地里徘徊，试图找到一个更温暖的地方。

Aber jede Ecke war genauso kalt wie die vorherige.

但每个角落都和之前一样冷。

Manchmal sprangen ihn wilde Hunde aus der Dunkelheit an.

有时，凶猛的狗会从黑暗中向他扑来。

Buck sträubte sein Fell, fletschte die Zähne und knurrte warnend.

巴克竖起身上的毛，露出牙齿，发出警告性的咆哮声

Er lernte schnell und die anderen Hunde zogen sich schnell zurück.

他学得很快，其他狗也很快就退缩了。

Trotzdem hatte er keinen Platz zum Schlafen und keine Ahnung, was er tun sollte.

但他没有地方睡觉，也不知道该怎么办。

Endlich kam ihm ein Gedanke: Er sollte nach seinen Teamkollegen sehen.

最后，他想到了一个主意——去看看他的队友。

Er kehrte in ihre Gegend zurück und war überrascht, dass sie verschwunden waren.

他回到他们所在的地方，惊讶地发现他们已经不见了。

Erneut durchsuchte er das Lager, konnte sie jedoch immer noch nicht finden.

他再次搜寻营地，但仍然没有找到他们。

Er wusste, dass sie nicht im Zelt sein durften, sonst wäre er auch dort gewesen.

他知道他们不能在帐篷里，否则他也会进去。

Wo also waren all die Hunde in diesem eisigen Lager geblieben?

那么，这个冰冻营地里的狗都到哪里去了呢？

Buck, kalt und elend, umrundete langsam das Zelt.

巴克感到寒冷和痛苦，他慢慢地绕着帐篷转了一圈。

Plötzlich sanken seine Vorderbeine in den weichen Schnee und er erschrak.

突然，他的前腿陷入了柔软的雪中，把他吓了一跳。

Etwas zappelte unter seinen Füßen und er sprang ängstlich zurück.

有什么东西在他脚下蠕动，他吓得往后跳了一步。

Er knurrte und fauchte, ohne zu wissen, was sich unter dem Schnee verbarg.

他咆哮着，不知道雪下有什么。

Dann hörte er ein freundliches kleines Bellen, das seine Angst linderte.

然后他听到一声友好的小吠声，减轻了他的恐惧。

Er schnüffelte in der Luft und kam näher, um zu sehen, was verborgen war.

他嗅了嗅空气，走近去看隐藏着什么。

Unter dem Schnee lag, zu einer warmen Kugel zusammengerollt, der kleine Billee.

在雪下，小比莉蜷缩成一个温暖的球。

Billee wedelte mit dem Schwanz und leckte Bucks Gesicht zur Begrüßung.

比利摇着尾巴，舔着巴克的脸来向他打招呼。

Buck sah, wie Billee im Schnee einen Schlafplatz gebaut hatte.

巴克看到比莉在雪地里挖了一个睡觉的地方。

Er hatte sich eingegraben und nutzte seine eigene Wärme, um sich warm zu halten.

他挖了个洞，用自己的热量来取暖。

Buck hatte eine weitere Lektion gelernt – so schliefen die Hunde.

巴克又学到了另一个教训——这就是狗的睡觉方式。

Er suchte sich eine Stelle aus und begann, sein eigenes Loch in den Schnee zu graben.

他选了一个地方并开始在雪地里挖洞。

Anfangs bewegte er sich zu viel und verschwendete Energie.

一开始，他走动太多，浪费了精力。

Doch bald erwärmte sein Körper den Raum und er fühlte sich sicher.

但很快他的身体就温暖了起来，他感到安全了。

Er rollte sich fest zusammen und schlief bald fest.

他紧紧地蜷缩着身子，不久就睡着了。

Der Tag war lang und hart gewesen und Buck war erschöpft.

这一天漫长而艰难，巴克已经筋疲力尽了。

Er schlief tief und fest, obwohl seine Träume wild waren.

尽管他的梦很狂野，但他睡得很沉很舒服。

Er knurrte und bellte im Schlaf und wand sich im Traum.

他在睡梦中咆哮、吠叫，在梦中扭动身体。

Buck wachte erst auf, als im Lager bereits Leben erwachte.

直到营地开始热闹起来，巴克才醒来。

Zuerst wusste er nicht, wo er war oder was passiert war.

起初，他不知道自己在哪里，也不知道发生了什么事。

Über Nacht war Schnee gefallen und hatte seinen Körper vollständig begraben.

一夜之间，大雪降临，将他的尸体彻底掩埋。

Der Schnee umgab ihn von allen Seiten dicht.

雪紧紧地包围着他。

Plötzlich durchfuhr eine Welle der Angst Bucks ganzen Körper.

突然间，一股恐惧感涌遍巴克全身。

Es war die Angst, gefangen zu sein, eine Angst aus tiefen Instinkten.

这是一种被困住的恐惧，一种发自内心的本能的恐惧

Obwohl er noch nie eine Falle gesehen hatte, lebte die Angst in ihm.

尽管他从未见过陷阱，但恐惧却一直萦绕在他的心头

Er war ein zahmer Hund, aber jetzt erwachten seine alten wilden Instinkte.

他曾经是一只温顺的狗，但是现在他昔日的野性本能正在苏醒。

Bucks Muskeln spannten sich an und sein Fell stellte sich auf seinem ganzen Rücken auf.

巴克的肌肉绷紧了，背上的毛都竖了起来。

Er knurrte wild und sprang senkrecht durch den Schnee nach oben.

他凶狠地咆哮一声，直接从雪地里跳了起来。

Als er ins Tageslicht trat, flog Schnee in alle Richtungen.

当他冲进阳光下时，雪花四处飞扬。

Schon vor der Landung sah Buck das Lager vor sich ausgebreitet.

甚至在着陆之前，巴克就看到营地在他面前展开。

Er erinnerte sich auf einmal an alles vom Vortag.

他一下子想起了前一天发生的一切。

Er erinnerte sich daran, wie er mit Manuel spazieren gegangen war und an diesem Ort gelandet war.

他记得和曼努埃尔一起散步，最后来到这个地方。

Er erinnerte sich daran, wie er das Loch gegraben hatte und in der Kälte eingeschlafen war.

他记得自己挖了个洞，然后在寒冷中睡着了。

Jetzt war er wach und die wilde Welt um ihn herum war klar.

现在他醒了，周围的荒野世界变得清晰起来。

Ein Ruf von François begrüßte Bucks plötzliches Auftauchen.

弗朗索瓦大声喊叫，欢迎巴克的突然出现。

„Was habe ich gesagt?", rief der Hundeführer Perrault laut zu.

"我说了什么？"狗司机大声向佩罗喊道。

„Dieser Buck lernt wirklich sehr schnell", fügte François hinzu.

"巴克学东西的速度确实很快，"弗朗索瓦补充道。

Perrault nickte ernst und war offensichtlich mit dem Ergebnis zufrieden.

佩罗严肃地点了点头，显然对结果很满意。

Als Kurier für die kanadische Regierung beförderte er Depeschen.

作为加拿大政府的一名信使，他负责递送急件。

Er war bestrebt, die besten Hunde für seine wichtige Mission zu finden.

他渴望找到最适合他重要使命的狗。

Er war besonders erfreut, dass Buck nun Teil des Teams war.

现在巴克已经成为团队的一员，他感到特别高兴。

Innerhalb einer Stunde kamen drei weitere Huskies zum Team hinzu.

不到一个小时，队伍里又增加了三只哈士奇。

Damit betrug die Gesamtzahl der Hunde im Team neun.

这样，队伍里的狗总数就达到了九只。

Innerhalb von fünfzehn Minuten lagen alle Hunde im Geschirr.

十五分钟之内，所有的狗都套上了挽具。

Das Schlittenteam schwang sich den Weg hinauf in Richtung Dyea Cañon.

雪橇队正沿着小路向戴亚峡谷（Dyea Cañon）驶去。

Buck war froh, gehen zu können, auch wenn die Arbeit, die vor ihm lag, hart war.

尽管前面的工作很艰辛，但巴克还是很高兴能够离开。

Er stellte fest, dass er weder die Arbeit noch die Kälte besonders verabscheute.

他发现自己并不特别厌恶劳动或寒冷。

Er war überrascht von der Begeisterung, die das gesamte Team erfüllte.

他对整个团队所展现出的热情感到惊讶。

Noch überraschender war die Veränderung, die bei Dave und Solleks vor sich ging.

更令人惊讶的是戴夫和索莱克斯身上发生的变化。

Diese beiden Hunde waren völlig unterschiedlich, als sie ein Geschirr trugen.

这两只狗戴上挽具后的样子截然不同。

Ihre Passivität und Sorglosigkeit waren völlig verschwunden.

他们的被动和漠不关心已经完全消失了。

Sie waren aufmerksam und aktiv und bestrebt, ihre Arbeit gut zu machen.

他们精神矍铄、积极主动，渴望做好自己的工作。

Sie reagierten äußerst verärgert über alles, was zu Verzögerungen oder Verwirrung führte.

任何导致延误或混乱的事情都会让他们非常恼火。

Die harte Arbeit an den Zügeln stand im Mittelpunkt ihres gesamten Wesens.

辛苦驾驭缰绳是他们全部精力的中心。

Das Schlittenziehen schien das Einzige zu sein, was ihnen wirklich Spaß machte.

拉雪橇似乎是他们唯一真正喜欢的事情。

Dave war am Ende der Gruppe und dem Schlitten am nächsten.

戴夫位于队伍的最后面，距离雪橇最近。

Buck landete vor Dave und Solleks zog an Buck vorbei.

巴克被安排在戴夫前面，而索莱克斯则领先于巴克。

Die übrigen Hunde liefen in einer Reihe vorn.

其余的狗则排成一列纵队走在前面。

Die Führungsposition an der Spitze besetzte Spitz.

最前面的领先位置由施皮茨占据。

Buck war zur Einweisung zwischen Dave und Solleks platziert worden.

巴克被安排在戴夫和索莱克斯之间接受指导。

Er lernte schnell und sie waren strenge und fähige Lehrer.

他学东西很快，他们是坚定而能干的老师。

Sie ließen nie zu, dass Buck lange im Irrtum blieb.

他们从不允许巴克长时间犯错。

Sie erteilten ihre Lektionen, wenn nötig, mit scharfen Zähnen.

必要时，他们会用尖锐的言辞传授知识。

Dave war fair und zeigte eine ruhige, ernste Art von Weisheit.

戴夫很公平，并且表现出一种安静、严肃的智慧。

Er hat Buck nie ohne guten Grund gebissen.

他从来不会无缘无故地咬巴克。

Aber er hat es nie versäumt, zuzubeißen, wenn Buck eine Korrektur brauchte.

但当巴克需要纠正时，他总是会咬巴克。

François' Peitsche war immer bereit und untermauerte ihre Autorität.

弗朗索瓦的鞭子随时准备着，以支持他们的权威。

Buck merkte bald, dass es besser war zu gehorchen, als sich zu wehren.

巴克很快发现服从比反击更好。

Einmal verhedderte sich Buck während einer kurzen Pause in den Zügeln.

有一次，在短暂的休息期间，巴克被缰绳缠住了。

Er verzögerte den Start und brachte die Bewegungen des Teams durcheinander.

他推迟了比赛的开始，扰乱了球队的行动。

Dave und Solleks stürzten sich auf ihn und verprügelten ihn brutal.

戴夫和索莱克斯向他扑去，狠狠地揍了他一顿。

Das Gewirr wurde nur noch schlimmer, aber Buck lernte seine Lektion.

纠缠变得越来越严重，但巴克很好地吸取了教训。

Von da an hielt er die Zügel straff und arbeitete vorsichtig.

从此以后，他严守纪律，认真工作。

Bevor der Tag zu Ende war, hatte Buck einen Großteil seiner Aufgabe gemeistert.

在这一天结束之前，巴克已经完成了大部分任务。

Seine Teamkollegen hörten fast auf, ihn zu korrigieren oder zu beißen.

他的队友几乎不再纠正他或咬他。

François' Peitsche knallte immer seltener durch die Luft.

弗朗索瓦的鞭子在空中划过的声音越来越小。

Perrault hob sogar Bucks Füße an und untersuchte sorgfältig jede Pfote.

佩罗甚至抬起巴克的脚，仔细检查每只爪子。

Es war ein harter Tageslauf gewesen, lang und anstrengend für alle.

对于他们所有人来说，这是艰苦的一天，漫长而疲惫。

Sie reisten den Cañon hinauf, durch Sheep Camp und an den Scales vorbei.

他们沿着峡谷向上行进，穿过羊营（Sheep Camp），经过斯凯尔斯（Scales）。

Sie überquerten die Baumgrenze, dann Gletscher und meterhohe Schneeverwehungen.

他们越过林木线，然后穿过数英尺深的冰川和雪堆。

Sie erklommen die große, kalte und unwirtliche Chilkoot-Wasserscheide.

他们翻越了极其寒冷和险峻的奇尔库特分水岭。

Dieser hohe Bergrücken lag zwischen Salzwasser und dem gefrorenen Landesinneren.

那道高高的山脊矗立在咸水和冰冻的内陆之间。

Die Berge bewachten den traurigen und einsamen Norden mit Eis und steilen Anstiegen.

群山以冰雪和陡峭的山坡守护着悲伤而孤独的北方。

Sie kamen gut voran und erreichten eine lange Kette von Seen unterhalb der Wasserscheide.

他们顺利地穿过了分水岭下方的一长串湖泊。

Diese Seen füllten die alten Krater erloschener Vulkane.

这些湖泊填满了古老的死火山口。

Spät in der Nacht erreichten sie ein großes Lager am Lake Bennett.

那天深夜，他们到达了班尼特湖的一个大营地。

Tausende Goldsucher waren dort und bauten Boote für den Frühling.

数以千计的淘金者在那里建造船只，以备春天之用。

Das Eis würde bald aufbrechen und sie mussten bereit sein.

冰很快就要破裂了，他们必须做好准备。

Buck grub sein Loch in den Schnee und fiel in einen tiefen Schlaf.

巴克在雪地里挖了一个洞，然后沉沉地睡去。

Er schlief wie ein Arbeiter, erschöpft von einem harten Arbeitstag.

他像一个工作的人一样睡着了，因为辛苦劳作了一天而精疲力尽。

Doch zu früh wurde er in der Dunkelheit aus dem Schlaf gerissen.

但在天黑得太早的时候，他就被从睡梦中惊醒了。

Er wurde wieder mit seinen Kumpels angeschirrt und vor den Schlitten gespannt.

他再次与伙伴们套上挽具并系在雪橇上。

An diesem Tag legten sie sechzig Kilometer zurück, weil der Schnee festgetreten war.

那天他们走了四十英里，因为雪被踩得很深。

Am nächsten Tag und noch viele Tage danach war der Schnee weich.

第二天以及之后的许多天，雪都很软。

Sie mussten den Weg selbst bahnen, härter arbeiten und langsamer vorankommen.

他们必须自己开辟道路，工作更加努力，但进展却更慢。

Normalerweise ging Perrault mit Schwimmhäuten an den Schneeschuhen vor dem Team her.

通常，佩罗会穿着带蹼的雪鞋走在队伍前面。

Seine Schritte verdichteten den Schnee und erleichterten so die Fortbewegung des Schlittens.

他的脚步踩实了雪地，使雪橇更容易移动。

François, der vom Steuerstand aus steuerte, übernahm manchmal die Kontrolle.

弗朗索瓦有时会利用船舵杆掌舵。

Aber es kam selten vor, dass François die Führung übernahm

但弗朗索瓦很少带头

weil Perrault es eilig hatte, die Briefe und Pakete auszuliefern.

因为佩罗急着递送信件和包裹。

Perrault war stolz auf sein Wissen über Schnee und insbesondere Eis.

佩罗对自己对雪，特别是冰的了解感到自豪。

Dieses Wissen war von entscheidender Bedeutung, da das Eis im Herbst gefährlich dünn war.

这些知识至关重要，因为秋季冰层非常薄，非常危险

Wo das Wasser unter der Oberfläche schnell floss, gab es überhaupt kein Eis.

在水面下快速流动的地方，根本没有冰。

Tag für Tag wiederholte sich endlos die gleiche Routine.

日复一日，同样的例行公事无休止地重复着。

Buck arbeitete unermüdlich von morgens bis abends in den Zügeln.

巴克从黎明到夜晚不停地操练缰绳。

Sie verließen das Lager im Dunkeln, lange bevor die Sonne aufgegangen war.

他们在天黑时离开了营地，那时太阳还未升起。

Als es Tag wurde, hatten sie bereits viele Kilometer zurückgelegt.

天亮的时候，他们已经走了好几英里了。

Sie schlugen ihr Lager nach Einbruch der Dunkelheit auf, aßen Fisch und gruben sich in den Schnee ein.

天黑后他们扎营，吃鱼，在雪地里挖洞。

Buck war immer hungrig und mit seiner Ration nie wirklich zufrieden.

巴克总是感到饥饿，并且从来都没有真正对他的食物感到满足。

Er erhielt jeden Tag anderthalb Pfund getrockneten Lachs.

他每天能收到一磅半的干鲑鱼。

Doch das Essen schien in ihm zu verschwinden und ließ den Hunger zurück.

但食物似乎在他体内消失了，只剩下饥饿感。

Er litt unter ständigem Hunger und träumte von mehr Essen.

他经常感到饥饿，梦想着能有更多的食物。

Die anderen Hunde haben nur ein Pfund abgenommen, sind aber stark geblieben.

其他狗只得到了一磅食物，但它们仍然坚强。

Sie waren kleiner und in das Leben im Norden hineingeboren.

它们体型较小，出生在北方。

Er verlor rasch die Sorgfalt, die sein früheres Leben geprägt hatte.

他很快就不再像以前那样一丝不苟。

Er war ein gieriger Esser gewesen, aber jetzt war das nicht mehr möglich.

他以前是个很讲究饮食的人，但是现在不再可能了。

Seine Kameraden waren zuerst fertig und raubten ihm seine noch nicht aufgegessene Ration.

他的同伴们先吃完了，并抢走了他未吃完的口粮。

Als sie einmal damit anfingen, gab es keine Möglichkeit mehr, sein Essen vor ihnen zu verteidigen.

一旦它们开始攻击他，他就没有任何办法可以保护自己的食物了。

Während er zwei oder drei Hunde abwehrte, stahlen die anderen den Rest.

当他击退两三只狗时，其余的狗就被其他狗偷走了。

Um dies zu beheben, begann er, so schnell zu essen wie die anderen.

为了解决这个问题，他开始和其他人一样快地吃饭。

Der Hunger trieb ihn so sehr an, dass er sogar Essen zu sich nahm, das ihm nicht gehörte.

饥饿使他难以忍受，他甚至吃掉不是自己的食物。

Er beobachtete die anderen und lernte schnell aus ihren Handlungen.

他观察其他人并很快从他们的行为中学习。

Er sah, wie Pike, ein neuer Hund, Perrault eine Scheibe Speck stahl.

他看到一只新狗派克从佩罗那里偷了一片培根。

Pike hatte gewartet, bis Perrault sich umdrehte, um den Speck zu stehlen.

派克一直等到佩罗转过身去偷培根。

Am nächsten Tag machte Buck es Pike nach und stahl das ganze Stück.

第二天，巴克模仿派克，偷走了整块石头。

Es folgte ein großer Aufruhr, doch Buck wurde nicht verdächtigt.

随后发生了一场大骚动，但巴克并没有受到怀疑。

Stattdessen wurde Dub bestraft, ein tollpatschiger Hund, der immer erwischt wurde.

笨手笨脚的狗杜布总是被抓住，因此受到了惩罚。

Dieser erste Diebstahl machte Buck zu einem Hund, der in der Lage war, im Norden zu überleben.

第一次偷窃事件标志着巴克是一只适合在北方生存的狗。

Er zeigte, dass er sich an neue Bedingungen anpassen und schnell lernen konnte.

他表现出他能够适应新环境并快速学习。

Ohne diese Anpassungsfähigkeit wäre er schnell und auf schlimme Weise gestorben.

如果没有这样的适应能力，他就会死得又快又惨。

Es markierte auch den Zusammenbruch seiner moralischen Natur und seiner früheren Werte.

这也标志着他的道德本质和过去价值观的崩溃。

Im Südland hatte er nach dem Gesetz der Liebe und Güte gelebt.

在南国，他生活在充满爱与仁慈的法律之下。

Dort war es sinnvoll, Eigentum und die Gefühle anderer Hunde zu respektieren.

在那里，尊重财产和其他狗的感受是有道理的。

Aber das Nordland befolgte das Gesetz der Keule und das Gesetz der Reißzähne.

但北国遵循的是棍棒法则和尖牙法则。

Wer hier alte Werte respektierte, war dumm und würde scheitern.

任何尊重这里旧价值观的人都是愚蠢的，都会失败。

Buck hat das alles nicht durchdacht.

巴克心里并没有想清楚这一切。

Er war fit und passte sich daher an, ohne darüber nachdenken zu müssen.

他身体很健康，所以不用思考就能调整。

Sein ganzes Leben lang war er noch nie vor einem Kampf davongelaufen.

他一生中从未逃避过战斗。

Doch die Holzkeule des Mannes im roten Pullover änderte diese Regel.

但穿红毛衣的男人的木棍改变了这个规则。

Jetzt folgte er einem tieferen, älteren Code, der in sein Wesen eingeschrieben war.

现在，他遵循着刻在他心中的更深层、更古老的准则

Er stahl nicht aus Vergnügen, sondern aus Hunger.

他偷窃并非出于享乐，而是因为饥饿的痛苦。

Er raubte nie offen, sondern stahl mit List und Sorgfalt.

他从不公开抢劫，而是狡猾而谨慎地偷窃。

Er handelte aus Respekt vor der Holzkeule und aus Angst vor dem Fangzahn.

他的行为是出于对木棍的尊重和对毒牙的恐惧。

Kurz gesagt, er hat das getan, was einfacher und sicherer war, als es nicht zu tun.

简而言之，他做的比不做的更容易、更安全。

Seine Entwicklung – oder vielleicht seine Rückkehr zu alten Instinkten – verlief schnell.

他的成长——或者说他恢复旧有本能——非常快。

Seine Muskeln verhärteten sich, bis sie sich stark wie Eisen anfühlten.

他的肌肉变得越来越结实，直到感觉像铁一样坚硬。

Schmerzen machten ihm nichts mehr aus, es sei denn, sie waren ernst.

他不再关心疼痛，除非疼痛很严重。

Er wurde durch und durch effizient und verschwendete überhaupt nichts.

他从内到外都变得高效，没有任何浪费。

Er konnte Dinge essen, die scheußlich, verdorben oder schwer verdaulich waren.

他可以吃恶心、腐烂或难以消化的东西。

Was auch immer er aß, sein Magen verbrauchte das letzte bisschen davon.

无论他吃什么，他的胃都会将其充分利用。

Sein Blut transportierte die Nährstoffe weit durch seinen kräftigen Körper.

他的血液将营养物质输送到他强健的身体各处。

Dadurch baute er starkes Gewebe auf, das ihm eine unglaubliche Ausdauer verlieh.

这使得他的组织变得强健，赋予他惊人的耐力。

Sein Seh- und Geruchssinn wurden viel feiner als zuvor.

他的视觉和嗅觉比以前敏锐得多。

Sein Gehör wurde so scharf, dass er im Schlaf leise Geräusche wahrnehmen konnte.

他的听觉变得如此敏锐，以至于在睡眠中也能听见微弱的声音。

In seinen Träumen wusste er, ob die Geräusche Sicherheit oder Gefahr bedeuteten.

他在梦中知道这些声音是意味着安全还是危险。

Er lernte, mit den Zähnen auf das Eis zwischen seinen Zehen zu beißen.

他学会了用牙齿咬脚趾间的冰。

Wenn ein Wasserloch zufror, brach er das Eis mit seinen Beinen.

如果水坑结冰了，他就会用腿把冰破掉。

Er bäumte sich auf und schlug mit seinen steifen Vorderbeinen hart auf das Eis.

他直立起来，用僵硬的前肢用力撞击冰面。

Seine bemerkenswerteste Fähigkeit war die Vorhersage von Windänderungen über Nacht.

他最惊人的能力是预测一夜之间的风向变化。

Selbst bei Windstille suchte er sich windgeschützte Stellen aus.

即使空气静止时，他也会选择避风的地方。

Wo auch immer er sein Nest grub, der Wind des nächsten Tages strich an ihm vorbei.

无论他在哪里筑巢，第二天的风都会吹过他。

Er landete immer gemütlich und geschützt, in Lee der Brise.

他总是舒适地躺在下风处，受到保护。

Buck hat nicht nur durch Erfahrung gelernt – auch seine Instinkte sind zurückgekehrt.

巴克不仅通过经验学习，他的本能也恢复了。

Die Gewohnheiten der domestizierten Generationen begannen zu verschwinden.

驯化一代人的习惯开始消失。

Er erinnerte sich vage an die alten Zeiten seiner Rasse.

他模糊地记得自己种族的古老时代。

Er dachte an die Zeit zurück, als wilde Hunde in Rudeln durch die Wälder rannten.

他回想起野狗成群结队地在森林里奔跑的情景。

Sie hatten ihre Beute gejagt und getötet, während sie sie verfolgten.

他们在追捕猎物时追赶并杀死了猎物。

Buck lernte leicht, mit Biss und Schnelligkeit zu kämpfen.

巴克很容易就学会了如何利用牙齿和速度进行战斗。

Er verwendete Schnitte, Hiebe und schnelle Schnappschüsse, genau wie seine Vorfahren.

他像他的祖先一样使用砍、砍和快速的折断。

Diese Vorfahren regten sich in ihm und erweckten seine wilde Natur.

那些祖先激起了他内心的骚动，唤醒了他狂野的本性

Ihre alten Fähigkeiten waren ihm durch die Blutlinie vererbt worden.

他们的旧技能已通过血统传给了他。

Ihre Tricks gehörten ihm nun, ohne dass er üben oder sich anstrengen musste.

现在他们的技巧已经为他所用，无需练习或努力。

In stillen, kalten Nächten hob Buck die Nase und heulte.

在寂静寒冷的夜晚，巴克抬起鼻子嚎叫。

Er heulte lang und tief, so wie es die Wölfe vor langer Zeit getan hatten.

他发出一声深沉而悠长的嚎叫，就像很久以前的狼那样。

Durch ihn streckten seine toten Vorfahren ihre Nasen und heulten.

通过他，他死去的祖先们指着鼻子嚎叫。

Sie heulten durch die Jahrhunderte mit seiner Stimme und Gestalt.

它们以他的声音和身影，在几个世纪中一直咆哮。

Seine Kadenzen waren ihre, alte Schreie, die von Kummer und Kälte erzählten.

他的歌声和他们的歌声一样，是诉说悲伤和寒冷的古老哭声。

Sie sangen von Dunkelheit, Hunger und der Bedeutung des Winters.

他们歌唱黑暗、饥饿和冬天的意义。

Buck bewies, wie das Leben von Kräften jenseits des eigenen Ichs geprägt wird.

巴克证明了生命是如何被超越自身的力量所塑造的，

Das uralte Lied stieg durch Buck auf und ergriff seine Seele.

这首古老的歌谣在巴克心中回荡，并占据了他的灵魂

Er fand sich selbst, weil Menschen im Norden Gold gefunden hatten.

他找到了自己，因为人们在北方发现了黄金。

Und er fand sich selbst, weil Manuel, der Gärtnergehilfe, Geld brauchte.

他之所以能找到自己，是因为园丁的助手曼努埃尔需要钱。

Das dominante Urtier
主宰原始野兽

In Buck war das dominante Urtier so stark wie eh und je.
巴克身上占主导地位的原始野兽依然强大。

Doch das dominante Urtier hatte in ihm geschlummert.
但那头占主导地位的原始野兽却在他体内沉睡。

Das Leben auf dem Trail war hart, aber es stärkte das Tier in Buck.
越野生活虽然艰苦，但却增强了巴克内心的野兽之心。

Insgeheim wurde das Biest von Tag zu Tag stärker.
野兽每天都在秘密地变得越来越强大。

Doch dieses innere Wachstum blieb der Außenwelt verborgen.
但内心的成长对于外界来说却是隐藏的。

In Buck baute sich eine stille und ruhige Urkraft auf.
一种安静而平和的原始力量正在巴克内心积聚。

Neue Gerissenheit verlieh Buck Gleichgewicht, Ruhe und Selbstbeherrschung.
新的狡猾让巴克变得平衡、冷静、沉着。

Buck konzentrierte sich sehr auf die Anpassung und fühlte sich nie völlig entspannt.
巴克努力集中精力去适应，但始终感觉不到完全放松

Er ging Konflikten aus dem Weg, fing nie Streit an und suchte auch nie Ärger.
他避免冲突，从不挑起争斗，也不惹麻烦。

Jede Bewegung von Buck war von langsamer, stetiger Nachdenklichkeit geprägt.
缓慢而稳定的深思熟虑塑造了巴克的每一个举动。

Er vermied überstürzte Entscheidungen und plötzliche, rücksichtslose Entschlüsse.
他避免做出草率的选择和突然、鲁莽的决定。

Obwohl Buck Spitz zutiefst hasste, zeigte er ihm gegenüber keine Aggression.

尽管巴克深恨斯皮茨，但他并没有向他表现出任何攻击性。

Buck hat Spitz nie provoziert und sein Verhalten zurückhaltend gehalten.

巴克从未激怒过斯皮茨，并且保持着克制自己的行为

Spitz hingegen spürte die wachsende Gefahr, die von Buck ausging.

另一方面，斯皮茨感觉到巴克身上越来越大的危险。

Er sah in Buck eine Bedrohung und eine ernsthafte Herausforderung seiner Macht.

他认为巴克是一个威胁，对他的权力是一个严峻的挑战。

Er nutzte jede Gelegenheit, um zu knurren und seine scharfen Zähne zu zeigen.

他利用一切机会咆哮并露出锋利的牙齿。

Er versuchte, den tödlichen Kampf zu beginnen, der bevorstand.

他正试图发起一场必将到来的殊死战斗。

Schon zu Beginn der Reise wäre es beinahe zu einem Streit zwischen ihnen gekommen.

旅行初期，他们之间几乎爆发了一场争吵。

Doch ein unerwarteter Unfall verhinderte den Kampf.

但一场意外的事故阻止了这场战斗的发生。

An diesem Abend schlugen sie ihr Lager am bitterkalten Lake Le Barge auf.

那天晚上，他们在寒冷的勒巴尔日湖边扎营。

Es schneite heftig und der Wind war schneidend wie ein Messer.

雪下得很大，风像刀子一样刺骨。

Die Nacht war zu schnell hereingebrochen und Dunkelheit umgab sie.

夜幕降临得太快，黑暗将他们包围。

Sie hätten sich kaum einen schlechteren Ort zum Ausruhen aussuchen können.

他们选择的休息地点实在是太糟糕了。

Die Hunde suchten verzweifelt nach einem Platz zum Hinlegen.

狗拼命寻找一个可以躺下的地方。

Hinter der kleinen Gruppe erhob sich steil eine hohe Felswand.

一堵高高的岩壁在这群人的身后陡然耸立。

Das Zelt wurde in Dyea zurückgelassen, um die Last zu erleichtern.

为了减轻负担，帐篷被留在了迪亚。

Ihnen blieb nichts anderes übrig, als das Feuer auf dem Eis selbst zu machen.

他们别无选择，只能在冰上生火。

Sie breiten ihre Schlafmäntel direkt auf dem zugefrorenen See aus.

他们把睡袍直接铺在冰冻的湖面上。

Ein paar Stücke Treibholz gaben ihnen ein wenig Feuer.

几根浮木为他们带来了一点火。

Doch das Feuer wurde auf dem Eis entfacht und taute hindurch.

但火是在冰上燃起的，并且通过冰融化。

Schließlich aßen sie ihr Abendessen im Dunkeln.

最后他们在黑暗中吃晚饭。

Buck rollte sich neben dem Felsen zusammen, geschützt vor dem kalten Wind.

巴克蜷缩在岩石旁边，躲避寒风。

Der Platz war so warm und sicher, dass Buck es hasste, wegzugehen.

这个地方非常温暖、安全，巴克不愿意离开。

Aber François hatte den Fisch aufgewärmt und verteilte die Rationen.

但弗朗索瓦已经把鱼热好并分发了口粮。

Buck aß schnell fertig und ging zurück in sein Bett.

巴克很快吃完饭，然后回到床上。

Aber Spitz lag jetzt dort, wo Buck sein Bett gemacht hatte.

但斯皮茨现在正躺在巴克铺好床的地方。

Ein leises Knurren warnte Buck, dass Spitz sich weigerte, sich zu bewegen.

巴克低声咆哮着警告说，斯皮茨拒绝移动。

Bisher hatte Buck diesen Kampf mit Spitz vermieden.

到目前为止，巴克一直避免与斯皮茨发生战斗。

Doch tief in Bucks Innerem brach das Biest schließlich aus.

但巴克内心深处的野兽终于挣脱了。

Der Diebstahl seines Schlafplatzes war zu viel für ihn.

他的睡觉的地方被盗，这实在令人无法容忍。

Buck stürzte sich voller Wut und Zorn auf Spitz.

巴克满怀愤怒和狂怒，向斯皮茨扑去。

Bis jetzt hatte Spitz gedacht, Buck sei bloß ein großer Hund.

直到现在，斯皮茨还以为巴克只是一只大狗。

Er glaubte nicht, dass Buck durch seinen Geist überlebt hatte.

他不认为巴克凭借其精神存活了下来。

Er erwartete Angst und Feigheit, nicht Wut und Rache.

他期待的是恐惧和懦弱，而不是愤怒和报复。

François starrte die beiden Hunde an, als sie aus dem zerstörten Nest stürmten.

弗朗索瓦目睹两只狗从被毁坏的狗窝里冲出来。

Er verstand sofort, was den wilden Kampf ausgelöst hatte.

他立刻明白了是什么引发了这场激烈的争斗。

„Aa-ah!", rief François, um dem braunen Hund zuzujubeln.

"啊啊！" 弗朗索瓦大声喊道，支持这只棕色的狗。

„Verprügelt ihn! Bei Gott, bestraft diesen hinterhältigen Dieb!"

揍扁他！老天爷啊，惩罚一下这个鬼鬼祟祟的小偷！

Spitz zeigte gleichermaßen Bereitschaft und wilden Kampfeswillen.

斯皮茨表现出同样的准备和狂热的战斗热情。

Er schrie wütend auf, während er schnell im Kreis kreiste und nach einer Öffnung suchte.

他一边愤怒地叫喊，一边快速地盘旋，寻找着突破口

Buck zeigte den gleichen Kampfeshunger und die gleiche Vorsicht.

巴克表现出同样的战斗渴望，以及同样的谨慎。

Auch er umkreiste seinen Gegner und versuchte, im Kampf die Oberhand zu gewinnen.

他也绕着对手转圈，试图在战斗中占上风。

Dann geschah etwas Unerwartetes und veränderte alles.

然后意想不到的事情发生了，改变了一切。

Dieser Moment verzögerte den letztendlichen Kampf um die Führung.

那一刻推迟了最终的领导权之争。

Bis zum Ende warteten noch viele Meilen voller Mühe und Anstrengung.

在终点之前，还有很长的路要走，还有许多艰辛等待着我们。

Perrault stieß einen Fluch aus, als eine Keule auf Knochen schlug.

当棍棒敲击骨头时，佩罗大声咒骂。

Es folgte ein scharfer Schmerzensschrei, dann brach überall Chaos aus.

随后传来一声痛苦的尖叫，四周一片混乱。

Dunkle Gestalten bewegten sich im Lager; wilde Huskys, ausgehungert und wild.

营地里黑影移动；野性的哈士奇，饥饿而凶猛。

Vier oder fünf Dutzend Huskys hatten das Lager von weitem erschnüffelt.

四五十只哈士奇从远处嗅到了营地的气味。

Sie hatten sich leise hineingeschlichen, während die beiden Hunde in der Nähe kämpften.

当两只狗在附近打架时，他们悄悄地潜了进来。

François und Perrault griffen an und schwangen Knüppel auf die Eindringlinge.

弗朗索瓦和佩罗发起冲锋，挥舞着棍棒向入侵者发起攻击。

Die ausgehungerten Huskies zeigten ihre Zähne und wehrten sich rasend.

饥饿的哈士奇露出牙齿，疯狂反击。

Der Geruch von Fleisch und Brot hatte sie alle Angst vertreiben lassen.

肉和面包的香味驱散了他们的恐惧。

Perrault schlug einen Hund, der seinen Kopf in der Fresskiste vergraben hatte.

佩罗殴打了一只把头埋在食物盒里的狗。

Der Schlag war hart, die Schachtel kippte um und das Essen quoll heraus.

这一击很重，盒子翻转了，食物洒了出来。

Innerhalb von Sekunden rissen sich zwanzig wilde Tiere über das Brot und das Fleisch her.

几秒钟之内，二十只野兽就把面包和肉撕碎了。

Die Keulen der Männer landeten Schlag auf Schlag, doch kein Hund ließ nach.

男人们的棍棒不断挥击，但没有一只狗能躲过。

Sie schrien vor Schmerz, kämpften aber, bis kein Futter mehr übrig war.

它们痛苦地嚎叫着，但仍在战斗，直到没有食物为止。

Inzwischen waren die Schlittenhunde aus ihren verschneiten Betten gesprungen.

与此同时，雪橇犬已经从雪床上跳了起来。

Sie wurden sofort von den bösartigen, hungrigen Huskys angegriffen.

他们立即遭到凶猛饥饿的哈士奇的袭击。

Buck hatte noch nie zuvor so wilde und ausgehungerte Tiere gesehen.

巴克以前从未见过如此野蛮和饥饿的动物。

Ihre Haut hing lose und verbarg kaum ihr Skelett.

他们的皮肤松弛下垂，几乎遮不住他们的骨骼。

In ihren Augen brannte ein Feuer aus Hunger und Wahnsinn

他们的眼睛里燃烧着饥饿和疯狂的火焰

Sie waren nicht aufzuhalten, ihrem wilden Ansturm war kein Widerstand zu leisten.

没有什么可以阻止他们；没有什么可以抵抗他们野蛮的冲锋。

Die Schlittenhunde wurden zurückgedrängt und gegen die Felswand gedrückt.

雪橇犬被推回，并被压在悬崖壁上。

Drei Huskies griffen Buck gleichzeitig an und rissen ihm das Fleisch auf.

三只哈士奇立刻向巴克发起攻击，撕咬他的肉体。

Aus den Schnittwunden an seinem Kopf und seinen Schultern strömte Blut.

他的头部和肩膀被割伤，鲜血直流。

Der Lärm erfüllte das Lager: Knurren, Jaulen und Schmerzensschreie.

营地里充满了噪音；咆哮声、尖叫声和痛苦的哭喊声

Billee weinte wie immer laut, gefangen im Kampf und in der Panik.

比莉像往常一样，陷入了争斗和恐慌之中，大声哭了起来。

Dave und Solleks standen Seite an Seite, blutend, aber trotzig.

戴夫和索莱克斯并肩站着，浑身是血，但依然顽强抵抗。

Joe kämpfte wie ein Dämon und biss alles, was ihm zu nahe kam.

乔像恶魔一样战斗，咬任何靠近的东西。

Mit einem brutalen Schnappen seines Kiefers zerquetschte er das Bein eines Huskys.

他用嘴狠狠地咬碎了一只哈士奇的腿。

Pike sprang auf den verletzten Husky und brach ihm sofort das Genick.

派克跳到受伤的哈士奇身上，瞬间扭断了它的脖子。

Buck packte einen Husky an der Kehle und riss ihm die Ader auf.

巴克抓住了哈士奇的喉咙并撕开了它的血管。

Blut spritzte und der warme Geschmack trieb Buck in Raserei.

鲜血喷洒而出，温热的味道让巴克陷入狂暴。

Ohne zu zögern stürzte er sich auf einen anderen Angreifer.

他毫不犹豫地向另一名袭击者扑去。

Im selben Moment gruben sich scharfe Zähne in Bucks Kehle.

与此同时，锋利的牙齿咬住了巴克的喉咙。

Spitz hatte von der Seite zugeschlagen und ohne Vorwarnung angegriffen.

斯皮茨从侧面发起攻击，毫无预警。

Perrault und François hatten die Hunde besiegt, die das Futter stahlen.

佩罗和弗朗索瓦打败了偷食物的狗。

Nun eilten sie ihren Hunden zu Hilfe, um die Angreifer abzuwehren.

现在他们冲上前去帮助他们的狗反击袭击者。

Die ausgehungerten Hunde zogen sich zurück, als die Männer ihre Keulen schwangen.

当这些人挥动棍棒时，饥饿的狗纷纷撤退。

Buck konnte sich dem Angriff befreien, doch die Flucht war nur von kurzer Dauer.

巴克挣脱了攻击，但逃脱的时间很短。

Die Männer rannten los, um ihre Hunde zu retten, und die Huskies kamen erneut zum Vorschein.

男人们赶紧跑去救他们的狗，哈士奇们又蜂拥而至。

Billee, der aus Angst Mut fasste, sprang in die Hundemeute.

比利吓得鼓起勇气，跳进了狗群。

Doch dann floh er in blanker Angst und Panik über das Eis.

但随后，他就惊恐万分，慌乱地穿过冰面逃走了。

Pike und Dub folgten dicht dahinter und rannten um ihr Leben.

派克和杜布紧随其后，逃命地奔跑。

Der Rest des Teams löste sich auf, zerstreute sich und folgte ihnen.

其余队员也纷纷散开，跟在他们后面。

Buck nahm all seine Kräfte zusammen, um loszurennen, doch dann sah er einen Blitz.

巴克鼓起勇气准备跑，但突然看到一道闪光。

Spitz stürzte sich auf Buck und versuchte, ihn zu Boden zu schlagen.

斯皮茨猛扑向巴克的侧面，试图将他击倒在地。

Unter dieser Meute von Huskys hätte Buck nicht entkommen können.

在那群哈士奇的围剿下，巴克根本无法逃脱。

Aber Buck blieb standhaft und wappnete sich für den Schlag von Spitz.

但巴克坚定地站着，准备迎接斯皮茨的打击。

Dann drehte er sich um und rannte mit dem fliehenden Team auf das Eis hinaus.

然后他转身和逃跑的队伍一起跑到了冰上。

Später versammelten sich die neun Schlittenhunde im Schutz des Waldes.

随后，九只雪橇犬聚集在树林的掩蔽处。

Niemand verfolgte sie mehr, aber sie waren geschlagen und verwundet.

没有人再追赶他们，但他们却伤痕累累。

Jeder Hund hatte Wunden; vier oder fünf tiefe Schnitte an jedem Körper.

每只狗都受伤了；每只狗身上都有四五处深深的伤口。

Dub hatte ein verletztes Hinterbein und konnte kaum noch laufen.

杜布的后腿受伤了，现在走路很困难。

Dolly, der neueste Hund aus Dyea, hatte eine aufgeschlitzte Kehle.

多莉是戴亚家最新出生的狗，它的喉咙被割破了。

Joe hatte ein Auge verloren und Billees Ohr war in Stücke geschnitten

乔失去了一只眼睛，比莉的耳朵被割成了碎片

Alle Hunde schrien die ganze Nacht vor Schmerz und Niederlage.

所有的狗都痛苦而沮丧地哭了一整夜。

Im Morgengrauen krochen sie wund und gebrochen zurück ins Lager.

黎明时分，他们浑身伤痕累累，蹑手蹑脚地回到营地

Die Huskies waren verschwunden, aber der Schaden war angerichtet.

哈士奇消失了，但损失已经造成。

Perrault und François standen schlecht gelaunt vor der Ruine.

佩罗和弗朗索瓦站在废墟旁，心情十分沮丧。

Die Hälfte der Lebensmittel war verschwunden und von den hungrigen Dieben geschnappt worden.

一半的食物都没了，被饥饿的盗贼抢走了。

Die Huskies hatten Schlittenbindungen und Planen zerrissen.

哈士奇犬已经撕破了雪橇的绑带和帆布。

Alles, was nach Essen roch, wurde vollständig verschlungen.

任何有食物气味的东西都被吃光了。

Sie aßen ein Paar von Perraults Reisestiefeln aus Elchleder.

他们吃了一双佩罗的驼鹿皮旅行靴。

Sie zerkauten Lederreis und ruinierten Riemen, sodass sie nicht mehr verwendet werden konnten.

它们啃咬皮革，损坏皮带，使其无法使用。

François hörte auf, auf die zerrissene Peitsche zu starren, um nach den Hunden zu sehen.

弗朗索瓦不再盯着被撕破的鞭子，而是去查看狗。

„Ah, meine Freunde", sagte er mit leiser, besorgter Stimme.

"啊，我的朋友们，"他低声说道，声音里充满了担忧。

„Vielleicht verwandeln euch all diese Bisse in tollwütige Tiere."

"也许这些咬伤会让你们变成疯狂的野兽。"

„Vielleicht alles tollwütige Hunde, heiliger Scheiß! Was meinst du, Perrault?"

"也许都是疯狗，天哪！你觉得怎么样，佩罗？"

Perrault schüttelte den Kopf, seine Augen waren dunkel vor Sorge und Angst.

佩罗摇了摇头，眼神里充满了担忧和恐惧。

Zwischen ihnen und Dawson lagen noch sechshundertvierzig Kilometer.

他们和道森之间仍有四百英里的距离。

Der Hundewahnsinn könnte nun jede Überlebenschance zerstören.

现在，狗的疯狂可能会摧毁任何生存的机会。

Sie verbrachten zwei Stunden damit, zu fluchen und zu versuchen, die Ausrüstung zu reparieren.

他们花了两个小时咒骂并试图修复装备。

Das verwundete Team verließ schließlich gebrochen und besiegt das Lager.

伤员队伍最终溃不成军，离开了营地。

Dies war der bisher schwierigste Weg und jeder Schritt war schmerzhaft.

这是迄今为止最艰难的路程，每一步都很痛苦。

Der Thirty Mile River war nicht zugefroren und rauschte wild.

三十里河尚未结冰，水流湍急。

Nur an ruhigen Stellen und in wirbelnden Wirbeln konnte das Eis halten.

只有在平静的地方和漩涡中冰才能保持稳定。

Sechs Tage harter Arbeit vergingen, bis die dreißig Meilen geschafft waren.

经过六天的艰苦劳动，三十英里的路程终于完成了。

Jeder Kilometer des Weges barg Gefahren und Todesgefahr.

每英里的道路都带来危险和死亡的威胁。

Die Männer und Hunde riskierten mit jedem schmerzhaften Schritt ihr Leben.

男人和狗每走一步都冒着生命危险。

Perrault durchbrach ein Dutzend Mal dünne Eisbrücken.

佩罗曾十几次打破薄冰桥。

Er trug eine Stange und ließ sie über das Loch fallen, das sein Körper hinterlassen hatte.

他拿着一根杆子，让它落在他身体撞出的洞上。

Mehr als einmal rettete diese Stange Perrault vor dem Ertrinken.

这根杆子曾多次救佩罗免于溺水。

Die Kältewelle hielt an, die Lufttemperatur lag bei minus fünfzig Grad.

寒流持续不断，气温降至零下五十度。

Jedes Mal, wenn er hineinfiel, musste Perrault ein Feuer anzünden, um zu überleben.

每次掉下去，佩罗就必须点火才能生存。

Nasse Kleidung gefror schnell, also trocknete er sie in der Nähe der sengenden Hitze.

湿衣服很快就结冻了，所以他用高温烘干它们。

Perrault hatte nie Angst und das machte ihn zu einem Kurier.

佩罗从不畏惧，这使他成为一名信使。

Er wurde für die Gefahr auserwählt und begegnete ihr mit stiller Entschlossenheit.

他被选中去承担危险，并且他以沉着的决心去面对它。

Er drängte sich gegen den Wind vorwärts, sein runzliges Gesicht war erfroren.

他迎风向前走去，干瘪的脸上满是冻伤。

Von der Morgendämmerung bis zum Einbruch der Nacht führte Perrault sie weiter.

从黎明微光到夜幕降临，佩罗带领他们继续前行。

Er ging auf einer schmalen Eiskante, die bei jedem Schritt knackte.

他走在边缘狭窄的冰面上，每走一步，冰面都会裂开。

Sie wagten nicht, anzuhalten – jede Pause hätte das Risiko eines tödlichen Zusammenbruchs bedeutet.

他们不敢停下来——

每一次停顿都有可能导致致命的崩溃。

Einmal brach der Schlitten durch und zog Dave und Buck hinein.

有一次，雪橇冲破了雪道，把戴夫和巴克拉了进去。

Als sie freigezogen wurden, waren beide fast erfroren.

当他们被拖出来时，两人都几乎冻僵了。

Die Männer machten schnell ein Feuer, um Buck und Dave am Leben zu halten.

男人们迅速生起火来，以保证巴克和戴夫活下去。

Die Hunde waren von der Nase bis zum Schwanz mit Eis bedeckt und steif wie geschnitztes Holz.

狗从鼻子到尾巴都覆盖着冰，僵硬得像雕刻的木头一样。

Die Männer ließen sie in der Nähe des Feuers im Kreis laufen, um ihre Körper aufzutauen.

男人们让孩子们在火堆旁跑来跑去，以解冻孩子们的尸体。

Sie kamen den Flammen so nahe, dass ihr Fell versengt wurde.

它们距离火焰太近，以至于它们的皮毛都被烧焦了。

Als nächster durchbrach Spitz das Eis und zog das Team hinter sich her.

接下来，斯皮茨冲破了冰层，拖着身后的队伍。

Der Bruch reichte bis zu der Stelle, an der Buck zog.

断裂处一直延伸到巴克拉动的地方。

Buck lehnte sich weit zurück, seine Pfoten rutschten und zitterten auf der Kante.

巴克猛地向后靠去，爪子在边缘处打滑并颤抖。

Dave streckte sich ebenfalls nach hinten, direkt hinter Buck auf der Leine.

戴夫也向后靠拢，刚好在巴克身后。

François zog den Schlitten, seine Muskeln knackten vor Anstrengung.

弗朗索瓦拉着雪橇，他的肌肉因用力而发出嘎吱声。

Ein anderes Mal brach das Randeis vor und hinter dem Schlitten.

还有一次，雪橇前后边缘的冰裂开了。

Sie hatten keinen anderen Ausweg, als eine gefrorene Felswand zu erklimmen.

除了攀爬冰冻的悬崖壁外，他们没有其他出路。

Perrault schaffte es irgendwie, die Mauer zu erklimmen; wie durch ein Wunder blieb er am Leben.

佩罗不知怎么地爬上了墙；奇迹让他活了下来。

François blieb unten und betete um dasselbe Glück.

弗朗索瓦留在楼下，祈祷着同样的好运。

Sie banden jeden Riemen, jede Zurrschnur und jede Leine zu einem langen Seil zusammen.

他们把每条皮带、捆扎带和牵引绳都绑成一根长绳。

Die Männer zogen jeden Hund einzeln nach oben.

男人们把每只狗都拖上去，一次一只。

François kletterte als Letzter, nach dem Schlitten und der gesamten Ladung.

弗朗索瓦（François）
最后一个爬上去，跟在雪橇和所有货物后面。

Dann begann eine lange Suche nach einem Weg von den Klippen hinunter.

然后开始漫长的寻找从悬崖下来的道路。

Schließlich stiegen sie mit demselben Seil ab, das sie selbst hergestellt hatten.

他们最终利用自己制作的同一根绳索下山。

Es wurde Nacht, als sie erschöpft und wund zum Flussbett zurückkehrten.

当他们筋疲力尽、浑身酸痛地回到河床时，夜幕降临了。

Der ganze Tag hatte ihnen nur eine Viertelmeile Gewinn
eingebracht.
他们花了一整天的时间才走了四分之一英里。

Als sie das Hootalinqua erreichten, war Buck erschöpft.
当他们到达 Hootalinqua
时，巴克已经筋疲力尽了。

Die anderen Hunde litten ebenso sehr unter den
Bedingungen auf dem Trail.
其他狗也因路径状况而遭受了同样严重的伤害。

Aber Perrault musste Zeit gutmachen und trieb sie jeden
Tag weiter an.
但佩罗需要恢复时间，并每天督促他们。

Am ersten Tag reisten sie dreißig Meilen nach Big Salmon.
第一天，他们行驶了三十英里到达大鲑鱼。

Am nächsten Tag reisten sie fünfunddreißig Meilen nach
Little Salmon.
第二天，他们行驶了三十五英里，到达了小萨蒙。

Am dritten Tag kämpften sie sich durch sechzig Kilometer
lange, eisige Strecken.
第三天，他们走过了四十英里冰冻的路程。

Zu diesem Zeitpunkt näherten sie sich der Siedlung Five
Fingers.
那时，他们已经接近五指定居点了。

Bucks Füße waren weicher als die harten Füße der
einheimischen Huskys.
巴克的脚比本地哈士奇的硬脚要柔软。

Seine Pfoten waren im Laufe vieler zivilisierter
Generationen zart geworden.
经过多代文明的洗礼，他的爪子已经变得娇嫩。

Vor langer Zeit wurden seine Vorfahren von Flussmännern
oder Jägern gezähmt.
很久以前，他的祖先被河人或猎人驯服了。

Jeden Tag humpelte Buck unter Schmerzen und ging auf
wunden, schmerzenden Pfoten.

巴克每天都痛苦地跛行，用粗糙、疼痛的爪子行走。

Im Lager fiel Buck wie eine leblose Gestalt in den Schnee.

在营地里，巴克像一个毫无生气的身影倒在雪地上。

Obwohl Buck am Verhungern war, stand er nicht auf, um
sein Abendessen einzunehmen.

尽管很饿，巴克还是没有起床吃晚饭。

François brachte Buck seine Ration und legte ihm Fisch
neben die Schnauze.

弗朗索瓦给巴克送来了口粮，并把鱼放在巴克的嘴边

Jeden Abend massierte der Fahrer Bucks Füße eine halbe
Stunde lang.

每天晚上，司机都会给巴克的脚揉半个小时。

François hat sogar seine eigenen Mokassins zerschnitten, um
daraus Hundeschuhe zu machen.

弗朗索瓦甚至剪开自己的鹿皮鞋来制作狗鞋。

Vier warme Schuhe waren für Buck eine große und
willkommene Erleichterung.

四双温暖的鞋子让巴克感到无比轻松。

Eines Morgens vergaß François die Schuhe und Buck
weigerte sich aufzustehen.

一天早上，弗朗索瓦忘记了鞋子，而巴克拒绝起床。

Buck lag auf dem Rücken, die Füße in der Luft, und wedelte
mitleiderregend damit herum.

巴克仰面躺着，双脚高高举起，可怜巴巴地挥舞着。

Sogar Perrault grinste beim Anblick von Bucks dramatischer
Bitte.

看到巴克戏剧性的恳求，就连佩罗也笑了。

Bald wurden Bucks Füße hart und die Schuhe konnten
weggeworfen werden.

很快，巴克的脚就变硬了，鞋子就可以扔掉了。

In Pelly stieß Dolly beim Angeschirrtwerden ein
schreckliches Heulen aus.

在佩利，当套上挽具时，多莉会发出一声可怕的嚎叫

Der Schrei war lang und voller Wahnsinn und erschütterte
jeden Hund.

哭声悠长而疯狂，震得每只狗都颤抖起来。

Jeder Hund zuckte vor Angst zusammen, ohne den Grund zu kennen.

每只狗都不知道为什么而恐惧地竖起了毛。

Dolly war verrückt geworden und stürzte sich direkt auf Buck.

多莉已经疯了，她径直向巴克扑去。

Buck hatte noch nie Wahnsinn gesehen, aber sein Herz war von Entsetzen erfüllt.

巴克从未见过疯狂，但恐惧充满了他的内心。

Ohne nachzudenken, drehte er sich um und floh in absoluter Panik.

他没有多想，慌乱之中转身就逃。

Dolly jagte ihm hinterher, ihre Augen waren wild, Speichel spritzte aus ihrem Maul.

多莉追着他，眼神狂野，口水直流。

Sie blieb direkt hinter Buck, holte nie auf und fiel nie zurück.

她一直跟在巴克身后，既不前进，也不后退。

Buck rannte durch den Wald, die Insel hinunter und über zerklüftetes Eis.

巴克跑过树林，跑下小岛，跨过锯齿状的冰面。

Er überquerte die Insel und erreichte eine weitere, bevor er im Kreis zurück zum Fluss ging.

他穿过一座岛屿，然后又穿过另一座岛屿，绕回河边

Dolly jagte ihn immer noch und knurrte ihn bei jedem Schritt an.

多莉仍然追着他，每走一步，她都会在后面咆哮。

Buck konnte ihren Atem und ihre Wut hören, obwohl er es nicht wagte, zurückzublicken.

巴克可以听到她的呼吸和愤怒，尽管他不敢回头。

François rief aus der Ferne und Buck drehte sich in die Richtung der Stimme um.

弗朗索瓦从远处喊道，巴克顺着声音转过身。

Immer noch nach Luft schnappend rannte Buck vorbei und setzte seine ganze Hoffnung auf François.

巴克一边喘着气，一边跑过去，把所有的希望都寄托在弗朗索瓦身上。

Der Hundeführer hob eine Axt und wartete, während Buck vorbeiflog.

狗司机举起斧头，等待巴克飞奔而过。

Die Axt kam schnell herunter und traf Dollys Kopf mit tödlicher Wucht.

斧头迅速落下，致命一击击中了多莉的头部。

Buck brach neben dem Schlitten zusammen, keuchte und konnte sich nicht bewegen.

巴克倒在雪橇旁，气喘吁吁，无法动弹。

In diesem Moment hatte Spitz die Chance, einen erschöpften Gegner zu schlagen.

那一刻，斯皮茨有机会攻击疲惫的敌人。

Zweimal biss er Buck und riss das Fleisch bis auf den weißen Knochen auf.

它两次咬了巴克，把肉撕成了白骨。

François' Peitsche knallte und traf Spitz mit voller, wütender Wucht.

弗朗索瓦的鞭子啪的一声响起，用尽全力猛击斯皮茨

Buck sah mit Freude zu, wie Spitz seine bisher härteste Tracht Prügel bekam.

巴克高兴地看着斯皮茨遭受迄今为止最惨痛的打击。

„Er ist ein Teufel, dieser Spitz", murmelte Perrault düster vor sich hin.

"那只斯皮茨犬真是个魔鬼，" 佩罗阴沉地自言自语道。

„Eines Tages wird dieser verfluchte Hund Buck töten – das schwöre ich."

"不久的将来，那条该死的狗会杀死巴克——我发誓。"

„Dieser Buck hat zwei Teufel in sich", antwortete François mit einem Nicken.

"那只巴克心里有两个魔鬼，" 弗朗索瓦点头回答道
。

„Wenn ich Buck beobachte, weiß ich, dass etwas Wildes in
ihm lauert."

"当我观察巴克时，我知道他内心深处隐藏着某种凶
猛的东西。"

„Eines Tages wird er rasend vor Wut werden und Spitz in
Stücke reißen."

"总有一天，他会像火一样愤怒，把斯皮茨撕成碎片
。"

„Er wird den Hund zerkauen und ihn auf den gefrorenen
Schnee spucken."

"他会把那只狗咬碎，然后把它吐在冰冻的雪地上"

„Das weiß ich ganz sicher tief in meinem Innern."

"毫无疑问，我深知这一点。"

Von diesem Moment an befanden sich die beiden Hunde im
Krieg.

从那一刻起，两只狗就开始互相争斗。

Spitz führte das Team an und hatte die Macht, aber Buck
stellte das in Frage.

斯皮茨领导团队并掌握权力，但巴克对此提出了挑战

Spitz sah seinen Rang durch diesen seltsamen Fremden aus
dem Süden bedroht.

斯皮茨发现他的地位受到了这个奇怪的南国陌生人的
威胁。

Buck war anders als alle Südstaatenhunde, die Spitz zuvor
gekannt hatte.

巴克与斯皮兹以前认识的任何南方狗都不一样。

Die meisten von ihnen scheiterten – sie waren zu schwach,
um Kälte und Hunger zu überleben.

他们中的大多数人都失败了——
他们太虚弱了，无法忍受寒冷和饥饿。

Sie starben schnell unter der harten Arbeit, dem Frost und
der langsamen Hungersnot.

他们在劳作、霜冻和饥荒的缓慢侵蚀下迅速死去。

Buck stand abseits – mit jedem Tag stärker, klüger und wilder.

巴克与众不同——他一天比一天强壮、聪明、凶猛。

Er gedieh trotz aller Härte und wuchs heran, bis er den nördlichen Huskies ebenbürtig war.

他在艰苦中茁壮成长，最终成长为与北方哈士奇犬相媲美的犬种。

Buck hatte Kraft, wilde Geschicklichkeit und einen geduldigen, tödlichen Instinkt.

巴克拥有力量、野性、耐心和致命的本能。

Der Mann mit der Keule hatte Buck die Unbesonnenheit ausgetrieben.

那个手持棍棒的人把巴克打得不再鲁莽了。

Die blinde Wut war verschwunden und durch stille Gerissenheit und Kontrolle ersetzt worden.

盲目的愤怒消失了，取而代之的是安静的狡猾和控制

Er wartete ruhig und ursprünglich und wartete auf den richtigen Moment.

他平静而原始地等待着，等待着合适的时机。

Ihr Kampf um die Vorherrschaft wurde unvermeidlich und deutlich.

他们争夺指挥权的斗争已变得不可避免且显而易见。

Buck strebte nach einer Führungsposition, weil sein Geist es verlangte.

巴克渴望成为领导者，因为他的精神需要它。

Er wurde von dem seltsamen Stolz getrieben, der aus der Jagd und dem Geschirr entstand.

他被源于小径和马具的奇特自豪感所驱使。

Dieser Stolz ließ die Hunde ziehen, bis sie im Schnee zusammenbrachen.

那种骄傲让狗一直拖着，直到倒在雪地上。

Der Stolz verleitete sie dazu, all ihre Kraft einzusetzen.

骄傲引诱他们付出所有的力量。

Stolz kann einen Schlittenhund sogar in den Tod treiben.

骄傲甚至会引诱雪橇犬走向死亡。

Der Verlust des Geschirrs ließ die Hunde gebrochen und ziellos zurück.

失去挽具会让狗变得残废，失去生存的意义。

Das Herz eines Schlittenhundes kann vor Scham brechen, wenn er in den Ruhestand geht.

当雪橇犬退役时，它的心可能会因羞愧而破碎。

Dave lebte von diesem Stolz, während er den Schlitten hinter sich herzog.

戴夫在后面拖着雪橇，活出了那种自豪感。

Auch Solleks gab mit grimmiger Stärke und Loyalität alles.

索莱克斯也以坚定的力量和忠诚奉献了自己的一切。

Jeden Morgen verwandelte der Stolz ihre Verbitterung in Entschlossenheit.

每天早晨，骄傲都会让他们从痛苦变得坚定。

Sie drängten den ganzen Tag und verstummten dann am Ende des Lagers.

他们奋力前进了一整天，然后安静地走到营地的尽头

Dieser Stolz gab Spitz die Kraft, Drückeberger zur Räson zu bringen.

正是这份骄傲让斯皮茨有力量打败那些逃避责任的人

Spitz fürchtete Buck, weil Buck denselben tiefen Stolz in sich trug.

斯皮茨害怕巴克，因为巴克也怀有同样的深沉自尊。

Bucks Stolz wandte sich nun gegen Spitz, und er ließ nicht locker.

巴克的自尊心现在对斯皮茨产生了反感，他没有停下来。

Buck widersetzte sich Spitz' Macht und hinderte ihn daran, Hunde zu bestrafen.

巴克违抗斯皮茨的权力并阻止他惩罚狗。

Als andere versagten, stellte sich Buck zwischen sie und ihren Anführer.

当其他人失败时，巴克便介入他们与他们的领袖之间

Er tat dies mit Absicht und brachte seine Herausforderung offen und deutlich zum Ausdruck.

他有意这样做，使他的挑战变得公开而明确。

In einer Nacht hüllte schwerer Schnee die Welt in tiefe Stille.

一天晚上，大雪覆盖，世界陷入深深的寂静。

Am nächsten Morgen stand Pike, faul wie immer, nicht zur Arbeit auf.

第二天早上，派克还是像往常一样懒惰，没有起床去上班。

Er blieb in seinem Nest unter einer dicken Schneeschicht verborgen.

他藏在厚厚的积雪下的巢穴里。

François rief und suchte, konnte den Hund jedoch nicht finden.

弗朗索瓦大声呼喊并四处寻找，但没能找到那只狗。

Spitz wurde wütend und stürmte durch das schneebedeckte Lager.

斯皮茨勃然大怒，冲进了白雪覆盖的营地。

Er knurrte und schnüffelte und grub wie verrückt mit flammenden Augen.

他咆哮着，嗅着，眼睛闪着光，疯狂地挖掘着。

Seine Wut war so heftig, dass Pike vor Angst unter dem Schnee zitterte.

他的愤怒是如此强烈，以至于派克吓得在雪下颤抖。

Als Pike schließlich gefunden wurde, stürzte sich Spitz auf den versteckten Hund, um ihn zu bestrafen.

当终于找到派克时，斯皮茨猛扑过去，惩罚这只躲藏的狗。

Doch Buck sprang mit einer Wut zwischen sie, die Spitz' eigener ebenbürtig war.

但巴克突然冲到他们中间，其愤怒与斯皮茨不相上下

Der Angriff erfolgte so plötzlich und geschickt, dass Spitz umfiel.

这次攻击是如此突然和巧妙，以至于斯皮茨摔倒了。

Pike, der gezittert hatte, schöpfte aus diesem Trotz neuen Mut.

派克原本浑身颤抖，但这次反抗让他鼓起了勇气。

Er sprang auf den gefallenen Spitz und folgte Bucks mutigem Beispiel.

他学着巴克的大胆举动，跳到了倒下的斯皮茨犬身上。

Buck, der nicht länger an Fairness gebunden war, beteiligte sich am Angriff auf Spitz.

巴克不再受公平的约束，加入了对斯皮茨的攻击。

François, amüsiert, aber dennoch diszipliniert, schwang seine schwere Peitsche.

弗朗索瓦感到很有趣，但仍然坚持纪律，挥舞着沉重的鞭子。

Er schlug Buck mit aller Kraft, um den Kampf zu beenden.

他用尽全力击打巴克，以阻止这场打斗。

Buck weigerte sich, sich zu bewegen und blieb auf dem gefallenen Anführer sitzen.

巴克拒绝移动，留在倒下的领袖身上。

Dann benutzte François den Griff der Peitsche und schlug Buck damit heftig.

然后弗朗索瓦用鞭子柄狠狠地抽了巴克。

Buck taumelte unter dem Schlag und fiel zurück.

巴克被击中后摇摇晃晃，在攻击下倒下了。

François schlug immer wieder zu, während Spitz Pike bestrafte.

弗朗索瓦一次又一次发起攻击，而斯皮茨则惩罚派克

Die Tage vergingen und Dawson City kam immer näher.

日子一天天过去，道森城越来越近了。

Buck mischte sich immer wieder ein und schlüpfte zwischen Spitz und andere Hunde.

巴克不断干扰，在斯皮茨和其他狗之间穿梭。

Er wählte seine Momente gut und wartete immer darauf, dass François ging.

他选择时机很好，总是等待弗朗索瓦离开。

Bucks stille Rebellion breitete sich aus und im Team breitete sich Unordnung aus.

巴克的静默反抗蔓延开来，队伍中陷入混乱。

Dave und Solleks blieben loyal, andere jedoch wurden widerspenstig.

戴夫和索莱克斯依然忠诚，但其他人却变得不守规矩

Die Situation im Team wurde immer schlimmer – es wurde unruhig, streitsüchtig und geriet aus der Reihe.

团队变得越来越糟糕——

焦躁不安、争吵不断、不守规矩。

Nichts lief mehr reibungslos und es kam immer wieder zu Streit.

一切都不再顺利，争斗变得频繁起来。

Buck blieb im Zentrum des Chaos und provozierte ständig Unruhe.

巴克始终处于麻烦的中心，总是挑起动乱。

François blieb wachsam, aus Angst vor dem Kampf zwischen Buck und Spitz.

弗朗索瓦保持警惕，害怕巴克和斯皮茨之间的打斗。

Jede Nacht wurde er durch Rangeleien geweckt, aus Angst, dass es endlich losgehen würde.

每个晚上，打斗声都会把他吵醒，他担心战争的开始终于到来了。

Er sprang aus seiner Robe, bereit, den Kampf zu beenden.

他从长袍中跳起来，准备阻止这场争斗。

Aber der Moment kam nie und sie erreichten schließlich Dawson.

但这一刻并没有到来，他们最终到达了道森。

Das Team betrat die Stadt an einem trüben Nachmittag, angespannt und still.

一个阴冷的下午，队伍进入了小镇，气氛紧张而安静

Der große Kampf um die Führung hing noch immer in der eisigen Luft.

争夺领导权的激烈斗争仍然悬而未决。

Dawson war voller Männer und Schlittenhunde, die alle mit der Arbeit beschäftigt waren.

道森到处都是忙于工作的人们和雪橇犬。

Buck beobachtete die Hunde von morgens bis abends beim Lastenziehen.

巴克从早到晚看着狗拉着货物。

Sie transportierten Baumstämme und Brennholz und lieferten Vorräte an die Minen.

他们运送原木和木柴，将物资运送到矿井。

Wo früher im Süden Pferde arbeiteten, schufteten heute Hunde.

南方地区曾经靠马匹劳作，而现在则由狗来干活。

Buck sah einige Hunde aus dem Süden, aber die meisten waren wolfsähnliche Huskys.

巴克看到了一些来自南方的狗，但大多数是像狼一样的哈士奇。

Nachts erhoben die Hunde pünktlich zum ersten Mal ihre Stimmen zum Singen.

入夜后，就像时钟一样，狗儿们开始放声歌唱。

Um neun, um Mitternacht und erneut um drei begann der Gesang.

九点、午夜、三点，歌声再次响起。

Buck liebte es, in ihren unheimlichen Gesang einzustimmen, der wild und uralt klang.

巴克喜欢加入他们那狂野而古老的怪诞吟唱。

Das Polarlicht flammte, die Sterne tanzten und das Land war mit Schnee bedeckt.

极光闪耀，繁星闪烁，白雪覆盖大地。

Der Gesang der Hunde erhob sich als Aufschrei gegen die Stille und die bittere Kälte.

狗的歌声响起，是对寂静和严寒的呐喊。

Doch in jedem langen Ton ihres Heulens war Trauer und nicht Trotz zu hören.

但他们的嚎叫声中，每一个长音都带着悲伤，而不是反抗。

Jeder Klageschrei war voller Flehen; die Last des Lebens selbst.

每一声哀号都充满着恳求；充满着生命本身的重担。

Dieses Lied war alt – älter als Städte und älter als Feuer

这首歌很古老——比城镇更古老，比火更古老

Dieses Lied war sogar älter als die Stimmen der Menschen.

那首歌甚至比人类的声音还要古老。

Es war ein Lied aus der jungen Welt, als alle Lieder traurig waren.

这是一首来自年轻世界的歌曲，那时所有的歌曲都是悲伤的。

Das Lied trug den Kummer unzähliger Hundegenerationen in sich.

这首歌承载着无数代狗狗的悲伤。

Buck spürte die Melodie tief und stöhnte vor jahrhundertealtem Schmerz.

巴克深深地感受着这旋律，因根植于岁月的痛苦而呻吟。

Er schluchzte aus einem Kummer, der so alt war wie das wilde Blut in seinen Adern.

他因悲伤而抽泣，这种悲伤就像他血管里狂野的血液一样古老。

Die Kälte, die Dunkelheit und das Geheimnisvolle berührten Bucks Seele.

寒冷、黑暗和神秘触动了巴克的灵魂。

Dieses Lied bewies, wie weit Buck zu seinen Ursprüngen zurückgekehrt war.

那首歌证明了巴克已经回归到他的本源有多远。

Durch Schnee und Heulen hatte er den Anfang seines eigenen Lebens gefunden.

在冰雪和嚎叫中，他找到了自己生命的起点。

Sieben Tage nach ihrer Ankunft in Dawson brachen sie erneut auf.

抵达道森七天后，他们再次出发。

Das Team verließ die Kaserne und fuhr hinunter zum Yukon Trail.

队伍从军营出发，前往育空小道。

Sie begannen die Rückreise nach Dyea und Salt Water.

他们开始返回戴亚和盐水镇的旅程。

Perrault überbrachte noch dringlichere Depeschen als zuvor.

佩罗传递的急件比以前更加紧急。

Auch ihn packte der Trail-Stolz, und er wollte einen Rekord aufstellen.

他也对越野跑感到自豪，并立志要创造一项纪录。

Diesmal hatte Perrault mehrere Vorteile.

这一次，佩罗一方占据了多项优势。

Die Hunde hatten eine ganze Woche lang geruht und ihre Kräfte wiedererlangt.

狗狗们休息了整整一周，恢复了体力。

Die Spur, die sie gebahnt hatten, wurde nun von anderen festgestampft.

他们开辟出来的小路现在已被其他人踩踏殆尽。

An manchen Stellen hatte die Polizei Futter für Hunde und Menschen gelagert.

在一些地方，警察为狗和人储存了食物。

Perrault reiste mit leichtem Gepäck und bewegte sich schnell, ohne dass ihn etwas belastete.

佩罗轻装出行，行动迅速，几乎没有什么负担。

Sie erreichten Sixty-Mile, eine Strecke von achtzig Kilometern, noch in der ersten Nacht.

第一天晚上，他们就跑到了六十英里，也就是五十英里。

Am zweiten Tag eilten sie den Yukon hinauf nach Pelly.

第二天，他们沿着育空河向佩利进发。

Doch dieser tolle Fortschritt war für François mit vielen Strapazen verbunden.

但如此好的进步也给弗朗索瓦带来了很大的压力。

Bucks stille Rebellion hatte die Disziplin des Teams zerstört.

巴克的无声反抗破坏了球队的纪律。

Sie zogen nicht mehr wie ein Tier an den Zügeln.

他们不再像一头野兽一样齐心协力。

Buck hatte durch sein mutiges Beispiel andere zum Trotz verleitet.

巴克以他大胆的榜样带领其他人走向反抗。

Spitz' Befehl stieß weder auf Furcht noch auf Respekt.

斯皮茨的命令不再受到恐惧或尊重。

Die anderen verloren ihre Ehrfurcht vor ihm und wagten es, sich seiner Herrschaft zu widersetzen.

其他人不再敬畏他，并敢于反抗他的统治。

Eines Nachts stahl Pike einen halben Fisch und aß ihn vor Bucks Augen.

一天晚上，派克偷了半条鱼并在巴克的眼皮底下吃了它。

In einer anderen Nacht kämpften Dub und Joe gegen Spitz und blieben ungestraft.

另一天晚上，杜布和乔与斯皮茨打斗，但并未受到惩罚。

Sogar Billee jammerte weniger süß und zeigte eine neue Schärfe.

甚至连比莉的哀嚎也不再那么甜美，反而显得尖刻起来。

Buck knurrte Spitz jedes Mal an, wenn sich ihre Wege kreuzten.

每次与斯皮茨相遇，巴克都会对它咆哮。

Bucks Haltung wurde dreist und bedrohlich, fast wie die eines Tyrannen.

巴克的态度变得大胆而具有威胁性，几乎就像一个恶霸。

Mit stolzgeschwellter Brust und voller spöttischer Bedrohung schritt er vor Spitz auf und ab.

他大摇大摆地在斯皮茨面前踱步，眼神里充满了嘲讽和威胁。

Dieser Zusammenbruch der Ordnung breitete sich auch unter den Schlittenhunden aus.

秩序的崩溃也蔓延到了雪橇犬之中。

Sie stritten und stritten mehr denn je und erfüllten das Lager mit Lärm.

他们打架、争吵比以前更加频繁，营地里充满了噪音。

Das Lagerleben verwandelte sich jede Nacht in ein wildes, heulendes Chaos.

营地生活每晚都变得狂野、混乱。

Nur Dave und Solleks blieben ruhig und konzentriert.

只有戴夫和索莱克斯保持稳定和专注。

Doch selbst sie wurden durch die ständigen Schlägereien ungehalten.

但即使如此，他们也因不断的争吵而变得脾气暴躁。

François fluchte in fremden Sprachen und stampfte frustriert auf.

弗朗索瓦用奇怪的语言咒骂，并沮丧地跺脚。

Er riss sich die Haare aus und schrie, während der Schnee unter seinen Füßen wirbelte.

他一边扯着头发，一边大声喊叫，脚下雪花飞舞。

Seine Peitsche knallte über das Rudel, konnte es aber kaum in Schach halten.

他的鞭子抽打着马群，但几乎没有让它们保持队形。

Immer wenn er sich umdrehte, brachen die Kämpfe erneut aus.

每当他转身，战斗就会再次爆发。

François setzte die Peitsche für Spitz ein, während Buck die Rebellen anführte.

弗朗索瓦用鞭子抽打斯皮茨，而巴克则领导叛军。

Jeder kannte die Rolle des anderen, aber Buck vermied jegliche Schuldzuweisungen.

每个人都知道对方的角色，但巴克避免承担任何责任。

François hat Buck nie dabei erwischt, wie er eine Schlägerei anfing oder sich vor seiner Arbeit drückte.

弗朗索瓦从未发现巴克挑起打架或逃避工作。

Buck arbeitete hart im Geschirr – die Mühe erfüllte ihn jetzt mit Begeisterung.

巴克在马具上辛勤劳作——
现在，辛劳让他精神振奋。

Doch noch mehr Freude bereitete ihm das Anzetteln von Kämpfen und Chaos im Lager.

但他发现在营地里挑起争斗和混乱更让他开心。

Eines Abends schreckte Dub an der Mündung des Tahkeena ein Kaninchen auf.

一天晚上，在塔基纳（Tahkeena）的嘴边，杜布（Dub）惊吓到了一只兔子。

Er verpasste den Fang und das Schneeschuhkaninchen sprang davon.

他没能抓住雪鞋兔，而雪鞋兔也逃走了。

Innerhalb von Sekunden nahm das gesamte Schlittenteam unter wildem Geschrei die Verfolgung auf.

几秒钟之内，整个雪橇队就发出狂野的叫喊声追了上去。

In der Nähe beherbergte ein Lager der Northwest Police fünfzig Huskys.

附近的西北警察营地里饲养了五十只哈士奇犬。

Sie schlossen sich der Jagd an und stürmten gemeinsam den zugefrorenen Fluss hinunter.

他们加入了狩猎，一起顺着冰冻的河流前进。

Das Kaninchen verließ den Fluss und floh in ein gefrorenes Bachbett.

兔子离开河流，沿着结冰的河床逃走。

Das Kaninchen hüpfte leichtfüßig über den Schnee, während die Hunde sich durchkämpften.

兔子在雪地上轻轻跳跃，而狗则艰难地穿过雪地。

Buck führte das riesige Rudel von sechzig Hunden um jede Kurve.

巴克带领着这群由六十条狗组成的庞大狗群绕过每一个弯道。

Er drängte tief und eifrig vorwärts, konnte jedoch keinen Boden gutmachen.

他低着头，急切地向前推进，但却无法取得进展。

Bei jedem kraftvollen Sprung blitzte sein Körper im blassen Mondlicht auf.

每一次有力的跳跃，他的身躯都在苍白的月光下闪动。

Vor uns bewegte sich das Kaninchen wie ein Geist, lautlos und zu schnell, um es einzufangen.

前方，兔子像幽灵一样移动，悄无声息，速度快得难以捕捉。

All diese alten Instinkte – der Hunger, der Nervenkitzel – durchströmten Buck.

所有这些旧本能——饥饿、刺激——
都涌入巴克的心中。

Manchmal verspüren Menschen diesen Instinkt und werden dazu getrieben, mit Gewehr und Kugel zu jagen.

人类有时会感受到这种本能，驱使人们用枪和子弹去狩猎。

Aber Buck empfand dieses Gefühl auf einer tieferen und persönlicheren Ebene.

但巴克在更深层次、更个人的层面上感受到了这种感觉。

Sie konnten die Wildnis nicht in ihrem Blut spüren, so wie Buck sie spüren konnte.

他们无法像巴克那样感受到血液中的野性。

Er jagte lebendes Fleisch, bereit, mit seinen Zähnen zu töten und Blut zu schmecken.

他追逐活肉，准备用牙齿杀死并品尝鲜血。

Sein Körper spannte sich vor Freude, er wollte in warmem, rotem Leben baden.

他的身体因喜悦而紧绷，想要沐浴在温暖的红色生命中。

Eine seltsame Freude markiert den höchsten Punkt, den das Leben jemals erreichen kann.

奇异的喜悦标志着生命所能达到的最高点。

Das Gefühl eines Gipfels, bei dem die Lebenden vergessen, dass sie überhaupt am Leben sind.

巅峰之感让活着的人忘记自己还活着。

Diese tiefe Freude berührt den Künstler, der sich in glühender Inspiration verliert.

这种深深的喜悦，感动了沉浸在炽热灵感中的艺术家

Diese Freude ergreift den Soldaten, der wild kämpft und keinen Feind verschont.

这种喜悦抓住了那些疯狂战斗、不放过任何敌人的士兵。

Diese Freude erfasste nun Buck, der das Rudel mit seinem Urhunger anführte.

这种快乐现在占据了巴克的心灵，因为他在原始饥饿中带领着狼群。

Er heulte mit dem uralten Wolfsschrei, aufgeregt durch die lebendige Jagd.

他发出古老的狼嚎，为这场活生生的追逐而兴奋不已。

Buck hat den ältesten Teil seiner selbst angezapft, der in der Wildnis verloren war.

巴克挖掘出了自己最古老的部分，迷失在荒野之中。

Er griff tief in sein Inneres, in die Vergangenheit, in die raue, uralte Zeit.

他深入内心，回忆过去，进入原始的远古时代。

Eine Welle puren Lebens durchströmte jeden Muskel und jede Sehne.

一股纯净的生命之波，涌遍全身肌肉和肌腱。

Jeder Sprung schrie, dass er lebte, dass er durch den Tod ging.

他的每一次跳跃都宣告着他活着，他穿越了死亡。

Sein Körper schwebte freudig über stilles, kaltes Land, das sich nie regte.

他的身体欢快地飞越那片静止、冰冷、从未动静的土地。

Spitz blieb selbst in seinen wildesten Momenten kalt und listig.

即使在最疯狂的时刻，斯皮茨也保持着冷静和狡猾。

Er verließ den Pfad und überquerte das Land, wo der Bach eine weite Biegung machte.

他离开小路，穿过小溪弯曲的土地。

Buck, der davon nichts wusste, blieb auf dem gewundenen Pfad des Kaninchens.

巴克对此毫不知情，继续沿着兔子蜿蜒的小路走着。

Dann, als Buck um eine Kurve bog, stand das geisterhafte Kaninchen vor ihm.

然后，当巴克转过一个弯道时，那只幽灵般的兔子出现在他面前。

Er sah, wie eine zweite Gestalt vor der Beute vom Ufer sprang.

他看到第二个身影从河岸上跃起，跑到了猎物的前面

Bei der Gestalt handelte es sich um Spitz, der direkt auf dem Weg des fliehenden Kaninchens landete.

那个身影正是斯皮茨，它正好落在了逃跑的兔子的路径上。

Das Kaninchen konnte sich nicht umdrehen und traf mitten in der Luft auf Spitz' Kiefer.

兔子无法转身，在半空中撞上了斯皮茨的下巴。

Das Rückgrat des Kaninchens brach mit einem Schrei, der so scharf war wie der Schrei eines sterbenden Menschen.

兔子的脊椎断裂了，发出一声如同人类濒死哀嚎般的尖叫。

Bei diesem Geräusch – dem Sturz vom Leben in den Tod – heulte das Rudel laut auf.

听到那声音——从生到死的坠落——
狼群发出了大声的嚎叫。

Hinter Buck erhob sich ein wilder Chor voller dunkler Freude.

巴克身后响起一阵狂野的合唱，充满阴暗的喜悦。

Buck gab keinen Schrei von sich, keinen Laut, und stürmte direkt auf Spitz zu.

巴克没有叫喊，没有发出任何声音，径直向斯皮茨冲去。

Er zielte auf die Kehle, traf aber stattdessen die Schulter.

他瞄准的是喉咙，但却击中了肩膀。

Sie stürzten durch den weichen Schnee, ihre Körper waren in einen Kampf verstrickt.

他们在柔软的雪地上翻滚；他们的身体扭打在一起。

Spitz sprang schnell auf, als wäre er nie niedergeschlagen worden.

斯皮茨迅速跳起，仿佛根本就没有被击倒过一样。

Er schlug auf Bucks Schulter und sprang dann aus dem Kampf.

他砍伤了巴克的肩膀，然后跳开了战斗。

Zweimal schnappten seine Zähne wie Stahlfallen, seine Lippen waren grimmig gekräuselt.

他的牙齿像钢陷阱一样咬合了两次，嘴唇猛地卷起。

Er wich langsam zurück und suchte festen Boden unter seinen Füßen.

他慢慢地后退，寻找脚下坚实的地面。

Buck verstand den Moment sofort und vollkommen.

巴克立刻就完全理解了这一刻。

Die Zeit war gekommen; der Kampf würde ein Kampf auf Leben und Tod werden.

时机已到，这场战斗将是一场你死我活的战斗。

Die beiden Hunde umkreisten knurrend den Raum, legten die Ohren an und kniffen die Augen zusammen.

两只狗绕着圈子，咆哮着，耳朵放平，眼睛眯成一条缝。

Jeder Hund wartete darauf, dass der andere Schwäche zeigte oder einen Fehltritt machte.

每只狗都在等待另一只狗表现出软弱或失误。

Buck hatte ein unheimliches Gefühl, die Szene zu kennen und tief in Erinnerung zu behalten.

对于巴克来说，这个场景感觉异常熟悉，并且记忆深刻。

Die weißen Wälder, die kalte Erde, die Schlacht im Mondlicht.

白色的树林，冰冷的大地，月光下的战斗。

Eine schwere Stille erfüllte das Land, tief und unnatürlich.

大地上弥漫着一种沉重的寂静，深沉而不自然。

Kein Wind regte sich, kein Blatt bewegte sich, kein Geräusch unterbrach die Stille.

没有风吹拂，没有树叶摇动，没有任何声音打破寂静

Der Atem der Hunde stieg wie Rauch in die eiskalte, stille Luft.

狗的呼吸在冰冷、寂静的空气中像烟雾一样升起。

Das Kaninchen war von der Meute der wilden Tiere längst vergessen.

这只兔子早已被野兽群遗忘了。

Diese halb gezähmten Wölfe standen nun still in einem weiten Kreis.

这些半驯服的狼此刻站成一个大圆圈。

Sie waren still, nur ihre leuchtenden Augen verrieten ihren Hunger.

它们安静下来，只有闪闪发光的眼睛透露出饥饿感。

Ihr Atem stieg auf, als sie den Beginn des Endkampfes beobachteten.

他们的呼吸向上飘荡，看着最后的战斗开始。

Für Buck war dieser Kampf alt und erwartet, überhaupt nicht ungewöhnlich.

对于巴克来说，这场战斗早已习以为常，毫无陌生感

Es fühlte sich an wie die Erinnerung an etwas, das schon immer passieren sollte.

这感觉就像是注定要发生的事情的记忆。

Spitz war ein ausgebildeter Kampfhund, gestählt durch zahllose wilde Schlägereien.

斯皮茨是一只经过训练的斗犬，经过无数次野外斗殴的磨练。

Von Spitzbergen bis Kanada hatte er viele Feinde besiegt.

从斯匹次卑尔根到加拿大，他战胜了许多敌人。

Er war voller Wut, ließ seiner Wut jedoch nie freien Lauf.

他心中充满愤怒，但却从不控制自己的愤怒。

Seine Leidenschaft war scharf, aber immer durch einen harten Instinkt gemildert.

他的热情很强烈，但总是受到坚强本能的缓和。

Er griff nie an, bis seine eigene Verteidigung stand.

在他自己的防御到位之前，他绝不会发起攻击。

Buck versuchte immer wieder, Spitz' verwundbaren Hals zu erreichen.

巴克一次又一次地尝试去够斯皮茨脆弱的脖子。

Doch jeder Schlag wurde von Spitz' scharfen Zähnen mit einem Hieb beantwortet.

但每一次攻击都会被斯皮茨锋利的牙齿咬住。

Ihre Reißzähne prallten aufeinander und beide Hunde bluteten aus den aufgerissenen Lippen.

它们的尖牙相撞，两只狗的嘴唇都被撕裂，鲜血直流。

Egal, wie sehr Buck sich auch wehrte, er konnte die Verteidigung nicht durchbrechen.

无论巴克如何猛扑，都无法突破防守。

Er wurde immer wütender und stürmte mit wilden Kraftausbrüchen hinein.

他越发愤怒，爆发出狂野的力量冲了进来。

Immer wieder schlug Buck nach der weißen Kehle von Spitz.

巴克一次又一次地攻击斯皮茨的白色喉咙。

Jedes Mal wich Spitz aus und schlug mit einem schneidenden Biss zurück.

每次 Spitz 都会躲避并以猛烈的咬击进行反击。

Dann änderte Buck seine Taktik und stürzte sich erneut darauf, als wolle er ihm die Kehle zu Leibe rücken.

然后巴克改变了策略，再次冲向喉咙。

Doch er zog sich mitten im Angriff zurück und drehte sich um, um von der Seite zuzuschlagen.

但他在进攻中途撤退，转身从侧面发起攻击。

Er warf Spitz seine Schulter entgegen, um ihn niederzuschlagen.

他用肩膀撞向斯皮茨，想将他击倒。

Bei jedem Versuch wich Spitz aus und konterte mit einem Hieb.

每次他尝试，斯皮茨都会躲开并用砍刀反击。

Bucks Schulter wurde wund, als Spitz nach jedem Schlag davonsprang.

每次击中斯皮茨后，他都会跳起来，而巴克的肩膀则变得疼痛。

Spitz war nicht berührt worden, während Buck aus vielen Wunden blutete.

斯皮茨毫发无损，而巴克却多处受伤流血。

Bucks Atem ging schnell und schwer, sein Körper war blutverschmiert.

巴克的呼吸急促而沉重，他的身上沾满了鲜血。

Mit jedem Biss und Angriff wurde der Kampf brutaler.

随着每一次咬伤和冲锋，战斗变得更加残酷。

Um sie herum warteten sechzig stille Hunde darauf, dass der erste fiel.

在它们周围，六十只狗静静地等待着第一只狗倒下。

Wenn ein Hund zu Boden ging, würde das Rudel den Kampf beenden.

只要有一只狗倒下，整群狗就会结束这场战斗。

Spitz sah, dass Buck schwächer wurde, und begann, den Angriff voranzutreiben.

斯皮茨看到巴克逐渐虚弱，便开始发起攻击。

Er brachte Buck aus dem Gleichgewicht und zwang ihn, um Halt zu kämpfen.

他让巴克失去平衡，迫使他奋力站立。

Einmal stolperte Buck und fiel, und alle Hunde standen auf.

有一次，巴克绊倒了，所有的狗都站了起来。

Doch Buck richtete sich mitten im Fall auf und alle sanken wieder zu Boden.

但巴克在下落过程中恢复了平衡，所有人都再次沉了下去。

Buck hatte etwas Seltenes – eine Vorstellungskraft, die aus tiefem Instinkt geboren war.

巴克拥有一种罕见的东西——
源于深层本能的想象力。

Er kämpfte mit natürlichem Antrieb, aber auch mit List.

他凭借天生的斗志战斗，但也凭借狡猾的手段战斗。

Er griff erneut an, als würde er seinen Schulterangriffstrick wiederholen.

他再次冲锋，仿佛在重复他的肩部攻击技巧。

Doch in der letzten Sekunde ließ er sich fallen und flog unter Spitz hindurch.

但在最后一秒，他俯冲下来并从斯皮茨下方掠过。

Seine Zähne schnappten um Spitz' linkes Vorderbein.

他的牙齿猛地咬住了斯皮茨的左前腿。

Spitz stand nun unsicher da, sein Gewicht ruhte nur noch auf drei Beinen.

斯皮茨现在站不稳，他的体重只靠三条腿支撑。

Buck schlug erneut zu und versuchte dreimal, ihn zu Fall zu bringen.

巴克再次发起攻击，三次试图将他击倒。

Beim vierten Versuch nutzte er denselben Zug mit Erfolg

第四次尝试时，他使用同样的动作成功了

Diesmal gelang es Buck, Spitz in das rechte Bein zu beißen.

这次巴克成功咬住了斯皮茨的右腿。

Obwohl Spitz verkrüppelt war und große Schmerzen litt, kämpfte er weiter ums Überleben.

斯皮茨虽然残疾且痛苦不堪，但仍在为生存而努力奋
斗。

Er sah, wie der Kreis der Huskys enger wurde, die Zungen heraussstreckten und deren Augen leuchteten.

他看到一群哈士奇围成一圈，舌头伸出，眼睛闪闪发
光。

Sie warteten darauf, ihn zu verschlingen, so wie sie es mit anderen getan hatten.

他们等着吞噬他，就像他们对其他人所做的那样。

Dieses Mal stand er im Mittelpunkt: besiegt und verdammt.

这一次，他站在了中心，失败了，注定要失败。

Für den weißen Hund gab es jetzt keine Möglichkeit mehr zu entkommen.

白狗现在已经没有逃跑的选择。

Buck kannte keine Gnade, denn Gnade hatte in der Wildnis nichts zu suchen.

巴克毫不留情，因为野性中不存在怜悯。

Buck bewegte sich vorsichtig und bereitete sich auf den letzten Angriff vor.

巴克小心翼翼地移动，准备发起最后的冲锋。

Der Kreis der Huskys schloss sich, er spürte ihren warmen Atem.

哈士奇们围成一圈，他感觉到它们温暖的呼吸。

Sie duckten sich und waren bereit, im richtigen Moment zu springen.

他们蹲下身子，准备在时机成熟时跳起。

Spitz zitterte im Schnee, knurrte und veränderte seine Haltung.

斯皮茨在雪地里颤抖着，咆哮着，不断改变着姿势。

Seine Augen funkelten, seine Lippen waren gekräuselt und seine Zähne blitzten in verzweifelter Drohung.

他双眼怒视，嘴唇撇着，露出牙齿，露出绝望的威胁
表情。

Er taumelte und versuchte immer noch, dem kalten Biss des Todes standzuhalten.

他踉跄着，仍然试图抵挡死亡的冰冷咬咬。

Er hatte das schon früher erlebt, aber immer von der Gewinnerseite.

他以前也见过这种情况，但总是从胜利者的角度看。

Jetzt war er auf der Verliererseite, der Besiegte, die Beute, der Tod.

现在他站在了失败的一方；被击败的一方；猎物；死亡的一方。

Buck umkreiste ihn für den letzten Schlag, der Hundekreis rückte näher.

巴克绕圈准备发动最后一击，而狗群则围得更紧了。

Er konnte ihren heißen Atem spüren; bereit zum Töten.

他能感觉到他们灼热的呼吸；准备杀戮。

Stille breitete sich aus; alles war an seinem Platz; die Zeit war stehen geblieben.

一切都安静下来；一切都恢复了原状；时间停止了。

Sogar die kalte Luft zwischen ihnen gefror für einen letzten Moment.

就连两人之间冰冷的空气，也在最后一刻凝固了。

Nur Spitz bewegte sich und versuchte, sein bitteres Ende abzuwenden.

只有斯皮茨还在动，试图阻止自己走向痛苦的结局。

Der Kreis der Hunde schloss sich um ihn, und das war sein Schicksal.

一群狗正在向他逼近，他的命运也随之终结。

Er war jetzt verzweifelt, da er wusste, was passieren würde.

他现在很绝望，知道即将发生什么。

Buck sprang hinein, Schulter an Schulter traf ein letztes Mal.

巴克跳了进来，最后一次肩膀碰了碰。

Die Hunde drängten vorwärts und deckten Spitz in der verschneiten Dunkelheit.

狗群猛扑上前，将斯皮茨笼罩在雪白的黑暗之中。

Buck sah zu, aufrecht stehend; der Sieger in einer wilden Welt.

巴克昂首挺胸地注视着这一切；他是野蛮世界中的胜利者。

Das dominante Urtier hatte seine Beute gemacht, und es war gut.

占主导地位的原始野兽已经杀死了猎物，这很好。

Wer die Meisterschaft erlangt hat
他，赢得了大师的地位

„Wie? Was habe ich gesagt? Ich sage die Wahrheit, wenn ich sage, dass Buck ein Teufel ist."

"呃？我说什么了？我说巴克是个魔鬼，这话可是对的。"

François sagte dies am nächsten Morgen, nachdem er festgestellt hatte, dass Spitz verschwunden war.

第二天早上，弗朗索瓦发现斯皮茨失踪后说了这句话。

Buck stand da, übersät mit Wunden aus dem erbitterten Kampf.

巴克站在那里，浑身是激烈打斗造成的伤口。

François zog Buck zum Feuer und zeigte auf die Verletzungen.

弗朗索瓦把巴克拉到火堆旁，指着伤口。

„Dieser Spitz hat gekämpft wie der Devik", sagte Perrault und beäugte die tiefen Schnittwunden.

"那只斯皮茨的战斗力就像德维克一样，"佩罗看着深深的伤口说道。

„Und dieser Buck hat wie zwei Teufel gekämpft", antwortete François sofort.

"巴克打起来就像两个魔鬼一样，"弗朗索瓦立刻回答道。

„Jetzt kommen wir gut voran; kein Spitz mehr, kein Ärger mehr."

"现在我们可以顺利度过，不再有斯皮茨，不再有麻烦了。"

Perrault packte die Ausrüstung und belud den Schlitten sorgfältig.

佩罗正在打包装备并小心翼翼地装载雪橇。

François spannte die Hunde für den Lauf des Tages an.

弗朗索瓦给狗套上挽具，为一天的奔跑做准备。

Buck trabte direkt an die Führungsposition, die einst Spitz innehatte.

巴克径直小跑到斯皮茨曾经占据的领先位置。

Doch François bemerkte es nicht und führte Solleks nach vorne.

但弗朗索瓦没有注意到，带领索莱克斯走向了前线。

Nach François' Einschätzung war Solleks nun der beste Leithund.

在弗朗索瓦看来，索莱克斯现在是最好的领头犬。

Buck stürzte sich wütend auf Solleks und trieb ihn aus Protest zurück.

巴克愤怒地向索莱克斯扑去，并把他赶了回去以示抗议。

Er stand dort, wo einst Spitz gestanden hatte, und beanspruchte die Führungsposition.

他站在斯皮茨曾经站过的地方，占据领先位置。

„Wie? Wie?", rief François und schlug sich amüsiert auf die Schenkel.

"啊？啊？"弗朗索瓦叫道，高兴地拍着大腿。

„Sehen Sie sich Buck an – er hat Spitz umgebracht und jetzt will er ihm den Job wegnehmen!"

"看看巴克——
他杀了斯皮茨，现在他想接手这份工作！"

„Geh weg, Chook!", schrie er und versuchte, Buck zu vertreiben.

"走开，Chook！" 他大喊，试图把巴克赶走。

Aber Buck weigerte sich, sich zu bewegen und blieb fest im Schnee stehen.

但巴克拒绝移动，坚定地站在雪地里。

François packte Buck am Genick und zog ihn beiseite.

弗朗索瓦抓住巴克的颈背，把他拖到一边。

Buck knurrte leise und drohend, griff aber nicht an.

巴克低声发出威胁性的咆哮声，但并没有发起攻击。

François brachte Solleks wieder in Führung und versuchte, den Streit zu schlichten

弗朗索瓦让索莱克斯重新领先，试图解决争端

Der alte Hund zeigte Angst vor Buck und wollte nicht bleiben.

老狗对巴克表现出恐惧，不想留下来。

Als François ihm den Rücken zuwandte, verjagte Buck Solleks wieder.

当弗朗索瓦转身时，巴克再次把索莱克斯赶了出去。

Solleks leistete keinen Widerstand und trat erneut leise zur Seite.

索莱克斯没有反抗，再次悄悄地走到了一边。

François wurde wütend und schrie: „Bei Gott, ich werde dich heilen!"

弗朗索瓦非常生气，大声喊道："上帝啊，我要解决掉你！"

Er kam mit einer schweren Keule in der Hand auf Buck zu.

他手里拿着一根沉重的棍棒向巴克走来。

Buck erinnerte sich gut an den Mann im roten Pullover.

巴克清楚地记得那个穿红毛衣的男人。

Er zog sich langsam zurück, beobachtete François, knurrte jedoch tief.

他慢慢地后退，注视着弗朗索瓦，但发出低沉的咆哮声。

Er eilte nicht zurück, auch nicht, als Solleks an seiner Stelle stand.

即使索莱克斯站在他的位置上，他也没有急忙后退。

Buck kreiste knapp außerhalb seiner Reichweite und knurrte wütend und protestierend.

巴克在它够不着的地方绕了一圈，愤怒地咆哮着表示抗议。

Er behielt den Schläger im Auge und war bereit auszuweichen, falls François warf.

他一直盯着球杆，准备在弗朗索瓦扔球时躲避。

Er war weise und vorsichtig geworden im Umgang mit bewaffneten Männern.

他已经变得聪明并且对持有武器的人的行为更加谨慎

François gab auf und rief Buck erneut an seinen alten Platz.

弗朗索瓦放弃了，再次把巴克叫到原来的地方。

Aber Buck trat vorsichtig zurück und weigerte sich, dem Befehl Folge zu leisten.

但巴克小心翼翼地后退，拒绝服从命令。

François folgte ihm, aber Buck wich nur ein paar Schritte zurück.

弗朗索瓦跟了上去，但巴克只是后退了几步。

Nach einiger Zeit warf François frustriert die Waffe hin.

过了一会儿，弗朗索瓦沮丧地扔掉了武器。

Er dachte, Buck hätte Angst vor einer Tracht Prügel und würde ruhig kommen.

他以为巴克害怕挨打，所以会悄悄地走过去。

Aber Buck wollte sich nicht vor einer Strafe drücken – er kämpfte um seinen Rang.

但巴克并没有逃避惩罚——他是在为地位而战。

Er hatte sich den Platz als Leithund durch einen Kampf auf Leben und Tod verdient

他通过一场殊死搏斗赢得了领头狗的位置

er würde sich mit nichts Geringerem zufrieden geben, als der Anführer zu sein.

他不会满足于成为领导者以外的任何角色。

Perrault beteiligte sich an der Verfolgung, um den rebellischen Buck zu fangen.

佩罗参与了追捕，帮助抓住了叛逆的巴克。

Gemeinsam ließen sie ihn fast eine Stunde lang durch das Lager laufen.

他们一起带着他在营地里跑了将近一个小时。

Sie warfen Knüppel nach ihm, aber Buck wich jedem Schlag geschickt aus.

他们向他扔棍棒，但巴克巧妙地躲开了每一个棍棒。

Sie verfluchten ihn, seine Vorfahren, seine Nachkommen und jedes Haar an ihm.

他们咒骂他、咒骂他的祖先、咒骂他的后代、咒骂他身上的每一根头发。

Aber Buck knurrte nur zurück und blieb gerade außerhalb ihrer Reichweite.

但巴克只是咆哮着回应，并待在他们够不着的地方。

Er versuchte nie wegzulaufen, sondern umkreiste das Lager absichtlich.

他从未试图逃跑，而是故意绕着营地转。

Er machte klar, dass er gehorchen würde, sobald sie ihm gäben, was er wollte.

他明确表示，一旦他们满足了他的要求，他就会服从。

Schließlich setzte sich François hin und kratzte sich frustriert am Kopf.

弗朗索瓦终于坐下来，沮丧地挠了挠头。

Perrault sah auf seine Uhr, fluchte und murmelte etwas über die verlorene Zeit.

佩罗看了看手表，咒骂着，嘟囔着浪费了时间。

Obwohl sie eigentlich auf der Spur sein sollten, war bereits eine Stunde vergangen.

本来应该上路的他们，现在已经过去了一个小时了。

François zuckte verlegen mit den Achseln, als der Kurier resigniert seufzte.

弗朗索瓦不好意思地对信使耸了耸肩，信使无奈地叹了口气。

Dann ging François zu Solleks und rief Buck noch einmal.

然后弗朗索瓦走到索莱克斯身边，再次呼唤巴克。

Buck lachte wie ein Hund, wahrte jedoch vorsichtig seine Distanz.

巴克像狗 一样笑，但仍然保持着谨慎的距离。

François nahm Solleks das Geschirr ab und brachte ihn an seinen Platz zurück.

弗朗索瓦解下了索莱克斯的安全带，并将他放回原位

Das Schlittenteam stand voll angespannt da, nur ein Platz war unbesetzt.

雪橇队已全部装备完毕，只有一个位置空着。

Die Führungsposition blieb leer und war eindeutig nur für Buck bestimmt.

领先位置仍然空着，显然是留给巴克一个人的。

François rief erneut, und wieder lachte Buck und blieb standhaft.

弗朗索瓦再次叫道，巴克再次大笑并坚守阵地。

„Wirf die Keule weg", befahl Perrault ohne zu zögern.

"把棍棒扔下去。" 佩罗毫不犹豫地命令道。

François gehorchte und Buck trabte sofort stolz vorwärts.

弗朗索瓦服从了，巴克立即骄傲地向前小跑。

Er lachte triumphierend und übernahm die Führungsposition.

他得意地大笑起来，走上领头的位置。

François befestigte seine Leinen und der Schlitten wurde losgerissen.

弗朗索瓦固定住了牵引绳，雪橇松开了。

Beide Männer liefen neben dem Team her, als es auf den Flusspfad rannte.

当队伍冲向河边小道时，两人都并肩奔跑。

François hatte Bucks „zwei Teufel" sehr geschätzt,

弗朗索瓦对巴克的 "两个魔鬼" 评价很高，

aber er merkte bald, dass er den Hund tatsächlich unterschätzt hatte.

但他很快意识到自己其实低估了这只狗。

Buck übernahm schnell die Führung und erbrachte hervorragende Leistungen.

巴克很快就承担起了领导责任，并表现出色。

In puncto Urteilsvermögen, schnelles Denken und schnelles Handeln übertraf Buck Spitz.

在判断力、敏捷思维和快速行动方面，巴克超越了斯皮茨。

François hatte noch nie einen Hund gesehen, der dem von Buck gleichkam.

弗朗索瓦从来没有见过一只狗能像巴克现在表现的那样。

Aber Buck war wirklich herausragend darin, für Ordnung zu sorgen und Respekt zu erlangen.

但巴克在维持秩序和赢得尊重方面确实表现出色。

Dave und Solleks akzeptierten die Änderung ohne Bedenken oder Protest.

戴夫和索莱克斯毫无顾虑或抗议地接受了这一改变。

Sie konzentrierten sich nur auf die Arbeit und zogen kräftig die Zügel an.

他们只专注于工作并全力以赴。

Es war ihnen egal, wer führte, solange der Schlitten in Bewegung blieb.

他们并不关心谁领先，只要雪橇能够继续前进就行。

Billee, der Fröhliche, hätte, soweit es sie interessierte, die Führung übernehmen können.

比莉，性格开朗，本来可以担任领导，至于他们关心的是什么，那就由她来吧。

Was ihnen wichtig war, waren Frieden und Ordnung in den Reihen.

对他们来说，重要的是军队的和平与秩序。

Der Rest des Teams war während Spitz' Niedergang unbändig geworden.

在斯皮茨状态下滑期间，球队的其他成员也变得难以管教。

Sie waren schockiert, als Buck sie sofort zur Ordnung rief.

当巴克立即让他们安静下来时，他们震惊了。

Pike war immer faul gewesen und hatte Buck hinterhergehangen.

派克总是很懒，总是跟在巴克后面。

Doch nun wurde er von der neuen Führung scharf diszipliniert.

但现在却受到了新领导层的严厉惩戒。

Und er lernte schnell, seinen Teil zum Team beizutragen.

他很快就学会了在团队中发挥自己的作用。

Am Ende des Tages hatte Pike härter gearbeitet als je zuvor.

到了这一天结束时，派克比以前更加努力地工作。

In dieser Nacht im Lager wurde Joe, der mürrische Hund, endlich beruhigt.

那天晚上在营地里，乔这只脾气暴躁的狗终于被制服了。

Spitz hatte es nicht geschafft, ihn zu disziplinieren, aber Buck versagte nicht.

斯皮茨未能管教好他，但巴克并没有失败。

Durch die Nutzung seines größeren Gewichts überwältigte Buck Joe in Sekundenschnelle.

巴克利用自己更强大的体重，在几秒钟内就制服了乔。

Er biss und schlug Joe, bis dieser wimmerte und aufhörte, sich zu wehren.

他不断咬乔，殴打他，直到乔呜咽一声并停止反抗。

Von diesem Moment an verbesserte sich das gesamte Team.

从那一刻起，整个团队都进步了。

Die Hunde erlangten ihre alte Einheit und Disziplin zurück.

狗又恢复了往日的团结和纪律。

In Rink Rapids kamen zwei neue einheimische Huskies hinzu, Teek und Koona.

在 Rink Rapids，两只新的本地哈士奇犬 Teek 和 Koona 加入了我们。

Bucks schnelle Ausbildung erstaunte sogar François.

巴克对它们的快速训练甚至让弗朗索瓦感到惊讶。

„So einen Hund wie diesen Buck hat es noch nie gegeben!", rief er erstaunt.

"从来没有过像巴克这样的狗！"他惊讶地喊道。

„Nein, niemals! Er ist tausend Dollar wert, bei Gott!"

"不，绝对不！他值一千美元，我的天哪！"

„Wie? Was sagst du dazu, Perrault?", fragte er stolz.

"嗯？你说什么，佩罗？"他骄傲地问道。

Perrault nickte zustimmend und überprüfte seine Notizen.

佩罗点头表示同意，并查看了他的笔记。

Wir liegen bereits vor dem Zeitplan und kommen täglich weiter voran.

我们已经提前完成了计划，并且每天都有收获。

Der Weg war festgestampft und glatt, es lag kein Neuschnee.

小路坚硬而平坦，没有新雪。

Es war konstant kalt und lag die ganze Zeit bei minus fünfzig Grad.

天气持续寒冷，气温始终徘徊在零下五十度左右。

Die Männer ritten und rannten abwechselnd, um sich warm zu halten und Zeit zu gewinnen.

男人们轮流骑马和跑步以保持温暖并节省时间。

Die Hunde rannten schnell, mit wenigen Pausen, immer vorwärts.

狗跑得很快，很少停下来，一直向前跑。

Der Thirty Mile River war größtenteils zugefroren und leicht zu überqueren.

三十英里河大部分已结冰，通行十分方便。

Was zehn Tage gedauert hatte, wurde an einem Tag verschickt.

他们用一天的时间就完成了十天前才完成的工作。

Sie legten einen sechsundneunzig Kilometer langen Sprint vom Lake Le Barge nach White Horse zurück.

他们从勒巴日湖 (Lake Le Barge) 出发，奔跑了 60 英里到达白马湖 (White Horse)。

Sie bewegten sich unglaublich schnell über die Seen Marsh, Tagish und Bennett.

它们以惊人的速度穿越马什湖、塔吉什湖和贝内特湖。

Der laufende Mann wird an einem Seil hinter dem Schlitten hergezogen.

奔跑的人被一根绳子拖在雪橇后面。

In der letzten Nacht der zweiten Woche erreichten sie ihr Ziel.

第二周的最后一晚，他们到达了目的地。

Sie hatten gemeinsam die Spitze des White Pass erreicht.

他们一起到达了白山口的顶峰。

Sie sanken auf Meereshöhe hinab, mit den Lichtern von Skaguay unter ihnen.

他们下降到海平面，斯卡圭的灯光在他们下方。

Es war ein Rekordlauf durch kilometerlange kalte Wildnis.

这是一次穿越数英里寒冷荒野的创纪录的奔跑。

An vierzehn aufeinanderfolgenden Tagen legten sie im Durchschnitt satte vierundsechzig Kilometer zurück.

连续十四天，他们平均行走四十英里。

In Skaguay transportierten Perrault und François Fracht durch die Stadt.

在斯卡圭，佩罗和弗朗索瓦将货物运送到镇上。

Die bewundernde Menge jubelte ihnen zu und bot ihnen viele Getränke an.

崇拜的人群为他们欢呼，并为他们提供了很多饮料。

Hundefänger und Arbeiter versammelten sich um das berühmte Hundegespann.

缉毒人员和工作人员聚集在这支著名的狗队周围。

Dann kamen Gesetzlose aus dem Westen in die Stadt und erlitten eine brutale Niederlage.

随后西方歹徒来到该镇并遭到惨败。

Die Leute vergaßen bald das Team und konzentrierten sich auf neue Dramen.

人们很快就忘记了这支球队，而把注意力集中在新的戏剧上。

Dann kamen die neuen Befehle, die alles auf einen Schlag veränderten.

随后，新的命令下达，一切都立刻发生了改变。

François rief Buck zu sich und umarmte ihn mit tränenreichem Stolz.

弗朗索瓦把巴克叫到身边，满含泪水，自豪地拥抱了他。

In diesem Moment sah Buck François zum letzten Mal wieder.

那一刻是巴克最后一次见到弗朗索瓦。

Wie viele Männer zuvor waren sowohl François als auch Perrault nicht mehr da.

和之前的许多人一样，弗朗索瓦和佩罗都去世了。

Ein schottischer Mischling übernahm das Kommando über Buck und seine Schlittenhunde-Kollegen.

一名苏格兰混血儿负责照顾巴克和他的雪橇犬队友。

Mit einem Dutzend anderer Hundegespanne kehrten sie auf dem Weg nach Dawson zurück.

他们与其他十几支狗队一起沿着小路返回道森。

Es war kein Schnelllauf mehr, sondern harte Arbeit mit einer schweren Last jeden Tag.

现在不再是快速奔跑，而是每天辛苦劳作、负重前行

Dies war der Postzug, der den Goldsuchern in der Nähe des Pols Nachrichten brachte.

这是邮政列车，为北极附近的淘金者带来消息。

Buck mochte die Arbeit nicht, ertrug sie jedoch gut und war stolz auf seine Leistung.

巴克不喜欢这项工作，但他很好地忍受了下来，并为他的努力感到自豪。

Wie Dave und Solleks zeigte Buck Hingabe bei jeder täglichen Aufgabe.

和戴夫和索莱克斯一样，巴克对每一项日常任务都表现出极大的热情。

Er stellte sicher, dass jeder seiner Teamkollegen seinen Teil beitrug.

他确保每个队友都尽到自己的责任。

Das Leben auf dem Trail wurde langweilig und wiederholte sich mit der Präzision einer Maschine.

小径生活变得枯燥乏味，像机器一样精确地重复着。

Jeder Tag fühlte sich gleich an, ein Morgen ging in den nächsten über.

每天的感觉都一样，一个早晨与下一个早晨融为一体

Zur gleichen Stunde standen die Köche auf, um Feuer zu machen und Essen zuzubereiten.

同一时间，厨师们起床生火准备食物。

Nach dem Frühstück verließen einige das Lager, während andere die Hunde anspannten.

早餐后，一些人离开营地，另一些人给狗牵上挽具。

Sie machten sich auf den Weg, bevor die schwache Morgendämmerung den Himmel berührte.

在黎明的微弱曙光尚未出现之前，他们就踏上了旅程

Nachts hielten sie an, um ihr Lager aufzuschlagen, wobei jeder Mann eine festgelegte Aufgabe hatte.

入夜后，他们停下来扎营，每个人都肩负着固定的职责。

Einige stellten die Zelte auf, andere hackten Feuerholz und sammelten Kiefernzweige.

一些人搭起帐篷，其他人砍柴并收集松枝。

Zum Abendessen wurde den Köchen Wasser oder Eis mitgebracht.

水或冰被带回给厨师，供他们做晚餐。

Die Hunde wurden gefüttert und das war für sie der schönste Teil des Tages.

狗狗们吃饱了，这是它们一天中最美好的时光。

Nachdem sie Fisch gegessen hatten, entspannten sich die Hunde und machten es sich in der Nähe des Feuers gemütlich.

吃完鱼后，狗狗们就在火堆旁放松休息。

Im Konvoi waren noch hundert andere Hunde, unter die man sich mischen konnte.

车队中还有一百只狗可以混在一起。

Viele dieser Hunde waren wild und kämpften ohne Vorwarnung.

许多狗都很凶猛，而且会毫无预警地打架。

Doch nach drei Siegen war Buck selbst den härtesten Kämpfern überlegen.

但在三次胜利之后，巴克甚至战胜了最凶猛的战士。

Als Buck nun knurrte und die Zähne fletschte, traten sie zur Seite.

现在，当巴克咆哮并露出牙齿时，他们就闪到一边。

Und das Beste war vielleicht, dass Buck es liebte, neben dem flackernden Lagerfeuer zu liegen.

也许最重要的是，巴克喜欢躺在摇曳的篝火旁。

Er hockte mit angezogenen Hinterbeinen und nach vorne gestreckten Vorderbeinen.

他蹲下，后腿蜷缩，前腿向前伸直。

Er hatte den Kopf erhoben und blinzelte sanft in die glühenden Flammen.

他抬起头，对着炽热的火焰轻轻眨了眨眼。

Manchmal musste er an Richter Millers großes Haus in Santa Clara denken.

有时他会回忆起米勒法官在圣克拉拉的大房子。

Er dachte an den Zementpool, an Ysabel und den Mops namens Toots.

他想起了水泥池、伊莎贝尔和那只名叫图茨的哈巴狗。

Aber häufiger musste er an die Keule des Mannes mit dem roten Pullover denken.

但他更多时候想起的是那个穿红毛衣的男人的棍棒。

Er erinnerte sich an Curlys Tod und seinen erbitterten Kampf mit Spitz.

他记得卷毛的死，以及他与斯皮茨的激烈战斗。

Er erinnerte sich auch an das gute Essen, das er gegessen hatte oder von dem er immer noch träumte.

他还回忆起曾经吃过或至今仍梦想着的美食。

Buck hatte kein Heimweh – das warme Tal war weit weg und unwirklich.

巴克并不想家——温暖的山谷遥远而不真实。

Die Erinnerungen an Kalifornien hatten keine große Anziehungskraft mehr auf ihn.

加利福尼亚的记忆对他不再有任何真正的吸引力。

Stärker als die Erinnerung waren die tief in seinem Blut verwurzelten Instinkte.

比记忆更强大的是他血液深处的本能。

Einst verlorene Gewohnheiten waren zurückgekehrt und durch den Weg und die Wildnis wiederbelebt worden.

曾经失去的习惯又回来了，在小路和荒野中重新焕发活力。

Während Buck das Feuerlicht betrachtete, veränderte sich seine Wahrnehmung manchmal.

当巴克注视着火光时，它有时会变成别的东西。

Er sah im Feuerschein ein anderes Feuer, älter und tiefer als das gegenwärtige.

他在火光中看到了另一团火，比现在的火更古老、更深沉。

Neben dem anderen Feuer hockte ein Mann, der anders aussah als der Mischlingskoch.

在那堆火旁边蹲着一个男人，与那个混血厨师不同。

Diese Figur hatte kurze Beine, lange Arme und harte, verknotete Muskeln.

这个人的腿很短，手臂很长，肌肉坚硬而紧绷。

Sein Haar war lang und verfilzt und fiel von den Augen nach hinten ab.

他的头发又长又乱，从眼睛处向后倾斜。

Er gab seltsame Geräusche von sich und starrte voller Angst in die Dunkelheit.

他发出奇怪的声音并恐惧地盯着黑暗。

Er hielt eine Steinkeule tief in seiner langen, rauen Hand fest.

他低手握着一根石棒，用他那只粗糙的长手紧紧地握着。

Der Mann trug wenig, nur eine verkohlte Haut, die ihm den Rücken hinunterhing.

这个人穿得很少；只有一层烧焦的皮肤垂在背上。

Sein Körper war an Armen, Brust und Oberschenkeln mit dichtem Haar bedeckt.

他的手臂、胸部和大腿上长满了浓密的毛发。

Einige Teile des Haares waren zu rauen Fellbüscheln verfilzt.

有些部分的毛发缠结成一片片粗糙的毛皮。

Er stand nicht gerade, sondern war von der Hüfte bis zu den Knien nach vorne gebeugt.

他没有站直，而是从臀部到膝盖向前弯曲。

Seine Schritte waren federnd und katzenartig, als wäre er immer zum Sprung bereit.

他的步伐轻快，像猫一样，仿佛随时准备跳跃。

Er war in höchster Wachsamkeit, als lebte er in ständiger Angst.

他高度警惕，仿佛生活在持续的恐惧之中。

Dieser alte Mann schien mit Gefahr zu rechnen, ob er die Gefahr nun sah oder nicht.

这位老人似乎预料到了危险，无论是否看到了危险。

Manchmal schlief der haarige Mann am Feuer, den Kopf zwischen die Beine gesteckt.

有时，这个毛茸茸的男人会睡在火堆旁，头埋在两腿之间。

Seine Ellbogen ruhten auf seinen Knien, die Hände waren über seinem Kopf gefaltet.

他的手肘放在膝盖上，双手交叉放在头顶。

Wie ein Hund benutzte er seine haarigen Arme, um den fallenden Regen abzuschütteln.

他像狗一样用毛茸茸的手臂甩掉落下的雨水。

Hinter dem Feuerschein sah Buck zwei Kohlen im Dunkeln glühen.

在火光的远处，巴克看到两块煤在黑暗中闪闪发光。

Immer zu zweit, waren sie die Augen der sich anpirschenden Raubtiere.

它们总是成双成对，就像潜行的猛兽的眼睛。

Er hörte, wie Körper durchs Unterholz krachten und Geräusche in der Nacht.

他听到了尸体撞破灌木丛的声音和夜晚发出的声音。

Buck lag blinzelnd am Ufer des Yukon und träumte am Feuer.

巴克躺在育空河岸上，眨着眼睛，在火堆旁做着梦。

Die Anblicke und Geräusche dieser wilden Welt ließen ihm die Haare zu Berge stehen.

那个狂野世界的景象和声音让他毛骨悚然。

Das Fell stand ihm über den Rücken, die Schultern und den Hals hinauf.

毛发沿着他的背部、肩膀和脖子向上生长。

Er wimmerte leise oder gab ein tiefes Knurren aus der Brust von sich.

他轻轻地呜咽着，或者从胸腔深处发出低沉的咆哮声。

Dann rief der Mischlingskoch: „Hey, du Buck, wach auf!"

这时，混血厨师喊道："嘿，巴克，你醒醒！"

Die Traumwelt verschwand und das wirkliche Leben kehrte in Bucks Augen zurück.

梦境消失了，现实生活又回到了巴克的眼前。

Er wollte aufstehen, sich strecken und gähnen, als wäre er aus einem Nickerchen erwacht.

他要起身、伸伸懒腰、打个哈欠，就像刚从午睡中醒来一样。

Die Reise war anstrengend, da sie den Postschlitten hinter sich herziehen mussten.

这次旅行非常艰难，因为后面拖着邮件雪橇。

Schwere Lasten und harte Arbeit zermürbten die Hunde jeden langen Tag.

每天漫长的时光里，沉重的负担和艰苦的工作让狗精疲力竭。

Sie kamen dünn und müde in Dawson an und brauchten über eine Woche Ruhe.

他们到达道森时已经又瘦又累，需要休息一个多星期

Doch nur zwei Tage später machten sie sich erneut auf den Weg den Yukon hinunter.

但仅仅两天后，他们就再次踏上了育空河之旅。

Sie waren mit weiteren Briefen beladen, die für die Außenwelt bestimmt waren.

船上装载着更多发往外界的信件。

Die Hunde waren erschöpft und die Männer beschwerten sich ständig.

狗已经筋疲力尽，而男人们也不断抱怨。

Jeden Tag fiel Schnee, der den Weg weicher machte und die Schlitten verlangsamte.

每天都会下雪，导致雪道变软，雪橇的速度变慢。

Dies führte zu einem stärkeren Ziehen und einem größeren Widerstand der Läufer.

这使得拉动变得更加困难，并且对跑步者的阻力也更大。

Trotzdem waren die Fahrer fair und kümmerten sich um ihre Teams.

尽管如此，车手们还是很公平并且关心他们的车队。

Jeden Abend wurden die Hunde gefüttert, bevor die Männer etwas zu essen bekamen.

每天晚上，狗都会在男人们吃饭之前先吃饱。

Kein Mann geht schlafen, ohne vorher die Pfoten seines eigenen Hundes zu kontrollieren.

没有人会在睡觉前检查自己狗的脚。

Dennoch wurden die Hunde mit jeder zurückgelegten Strecke schwächer.

然而，随着长途跋涉，狗的身体变得越来越虚弱。

Sie waren den ganzen Winter über zweitausendachthundert Kilometer gereist.

整个冬天他们已经旅行了一千八百英里。

Sie zogen Schlitten über jede Meile dieser brutalen Distanz.

他们拉着雪橇走过那段残酷的距离的每一英里。

Selbst die härtesten Schlittenhunde spüren nach so vielen Kilometern die Belastung.

即使是最强壮的雪橇犬，在跑了这么长的距离之后也会感到疲惫。

Buck hielt durch, sorgte für die Weiterarbeit seines Teams und sorgte für die nötige Disziplin.

巴克坚持了下来，让团队继续工作，并保持纪律。

Aber Buck war müde, genau wie die anderen auf der langen Reise.

但是巴克很累，就像其他长途旅行的人一样。

Billee wimmerte und weinte jede Nacht ohne Ausnahme im Schlaf.

比利每晚都会在睡梦中呜咽哭泣。

Joe wurde noch verbitterter und Solleks blieb kalt und distanziert.

乔变得更加痛苦，而索莱克斯则变得冷漠而疏远。

Doch Dave war derjenige des gesamten Teams, der am meisten darunter litt.

但在整个团队中，戴夫的受害最为严重。

Irgendetwas in seinem Inneren war schiefgelaufen, doch niemand wusste, was.

他内心出了问题，但没人知道是什么。

Er wurde launischer und fuhr andere mit wachsender Wut an.

他变得越来越喜怒无常，并且越来越愤怒地对别人厉声斥责。

Jede Nacht ging er direkt zu seinem Nest und wartete darauf, gefüttert zu werden.

每天晚上，他都会直接回到自己的巢穴，等待喂食。

Als Dave einmal unten war, stand er bis zum Morgen nicht mehr auf.

倒下之后，戴夫直到早上才再次起床。

Plötzliche Rucke oder Anlaufe an den Zügeln ließen ihn vor Schmerzen aufschreien.

缰绳突然猛地一拉或一震，就会让他痛得大叫。

Sein Fahrer suchte nach der Ursache, konnte jedoch keine Verletzungen feststellen.

他的司机寻找事故原因，但未发现他受伤。

Alle Fahrer beobachteten Dave und besprachen seinen Fall.

所有司机都开始关注戴夫并讨论他的情况。

Sie unterhielten sich beim Essen und während ihrer letzten Zigarette des Tages.

他们在吃饭时和一天中最后抽烟时聊天。

Eines Nachts hielten sie eine Versammlung ab und brachten Dave zum Feuer.

一天晚上，他们开了个会，并把戴夫带到了火堆旁。

Sie drückten und untersuchten seinen Körper und er schrie oft.

他们按压、检查他的身体，他经常哭喊。

Offensichtlich stimmte etwas nicht, auch wenn keine Knochen gebrochen zu sein schienen.

显然，有些地方出了问题，尽管骨头似乎没有断裂。

Als sie Cassiar Bar erreichten, war Dave am Umfallen.

当他们到达卡西亚酒吧时，戴夫已经倒下了。

Der schottische Mischling machte Schluss und nahm Dave aus dem Team.

这位苏格兰混血儿叫停了比赛，并将戴夫从球队中除名。

Er befestigte Solleks an Daves Stelle, ganz vorne am Schlitten.

他把索莱克斯固定在戴夫的位置上，靠近雪橇的前部

Er wollte Dave ausruhen und ihm die Freiheit geben, hinter dem fahrenden Schlitten herzulaufen.

他想让戴夫休息并在移动的雪橇后面自由奔跑。

Doch selbst als er krank war, hasste Dave es, von seinem Job geholt zu werden.

但即使生病了，戴夫仍然讨厌被剥夺他原来的工作。

Er knurrte und wimmerte, als ihm die Zügel aus dem Körper gerissen wurden.

当缰绳从他的身体上被拔出时，他发出咆哮和呜咽声

Als er Solleks an seiner Stelle sah, weinte er vor gebrochenem Herzen.

当他看到索莱克斯站在自己的位置上时，他伤心欲绝，哭了起来。

Dave war noch immer stolz auf seine Arbeit auf dem Weg, selbst als der Tod nahte.

即使死亡临近，戴夫心中仍然怀有从事越野跑工作的深深自豪感。

Während der Schlitten fuhr, kämpfte sich Dave durch den weichen Schnee in der Nähe des Pfades.

随着雪橇的移动，戴夫在小路附近的松软雪地上挣扎。

Er griff Solleks an, biss ihn und stieß ihn von der Seite des Schlittens.

他攻击了索莱克斯，咬了他并将他从雪橇侧面推开。

Dave versuchte, in das Geschirr zu springen und seinen Arbeitsplatz zurückzuerobern.

戴夫试图跳进安全带并重新夺回他的工作位置。

Er schrie, jammerte und weinte, hin- und hergerissen zwischen Schmerz und Stolz auf die Wehen.

他尖叫、呜咽、哭泣，在分娩的痛苦和自豪之间挣扎。

Der Mischling versuchte, Dave mit seiner Peitsche vom Team zu vertreiben.

这个混血儿用鞭子试图把戴夫赶出队伍。

Doch Dave ignorierte den Hieb und der Mann konnte nicht härter zuschlagen.

但戴夫无视了鞭子，那人无法更用力地打他。

Dave lehnte den einfacheren Weg hinter dem Schlitten ab, wo der Schnee festgefahren war.

戴夫拒绝选择雪橇后面更容易走的路，因为那里积满了雪。

Stattdessen kämpfte er sich elend durch den tiefen Schnee neben dem Weg.

相反，他在小路旁的深雪中痛苦地挣扎。

Schließlich brach Dave zusammen, blieb im Schnee liegen und schrie vor Schmerzen.

最终，戴夫倒下了，躺在雪地里痛苦地嚎叫。

Er schrie auf, als die lange Schlittenkette einer nach dem anderen an ihm vorbeifuhr.

当长长的雪橇队伍一辆接一辆地从他身边驶过时，他大声喊道。

Dennoch stand er mit der ihm verbleibenden Kraft auf und stolperte ihnen hinterher.

尽管如此，他还是凭借着仅存的力气站了起来，跌跌撞撞地跟在他们后面。

Als der Zug wieder anhielt, holte er ihn ein und fand seinen alten Schlitten.

当火车再次停下来时，他追了上来，找到了他的旧雪橇。

Er kämpfte sich an den anderen Teams vorbei und stand wieder neben Solleks.

他奋力超越其他队伍，再次站在索莱克斯身边。

Als der Fahrer anhielt, um seine Pfeife anzuzünden, nutzte Dave seine letzte Chance.

当司机停下来点燃烟斗时，戴夫抓住了最后的机会。

Als der Fahrer zurückkam und schrie, bewegte sich das Team nicht weiter.

当司机返回并大喊时，车队没有继续前进。

Die Hunde hatten ihre Köpfe gedreht, verwirrt durch den plötzlichen Stopp.

狗儿们因为突然的停顿而感到困惑，纷纷转过头。

Auch der Fahrer war schockiert – der Schlitten hatte sich keinen Zentimeter vorwärts bewegt.

驾驶员也大吃一惊——

雪橇根本就没向前移动一英寸。

Er rief den anderen zu, sie sollten kommen und nachsehen, was passiert sei.

他大声呼喊其他人过来看看发生了什么事。

Dave hatte Solleks' Zügel durchgekaut und beide auseinandergerissen.

戴夫咬断了索莱克斯的缰绳，把两者都咬断了。

Nun stand er vor dem Schlitten, wieder an seinem rechtmäßigen Platz.

现在他站在雪橇前面，回到了他正确的位置。

Dave blickte zum Fahrer auf und flehte ihn stumm an, in der Spur zu bleiben.

戴夫抬头看着司机，默默地恳求他留在车道上。

Der Fahrer war verwirrt und wusste nicht, was er für den zappelnden Hund tun sollte.

司机感到困惑，不知道该如何帮助这只挣扎的狗。

Die anderen Männer sprachen von Hunden, die beim Rausbringen gestorben waren.

其他人谈到了因被带出去而死亡的狗。

Sie erzählten von alten oder verletzten Hunden, denen es das Herz brach, als sie zurückgelassen wurden.

他们讲述了那些年老或受伤的狗被遗弃时心碎的故事。

Sie waren sich einig, dass es Gnade wäre, Dave sterben zu lassen, während er noch im Geschirr steckte.

他们一致认为，让戴夫在安全带里死去是仁慈的。

Er wurde wieder auf dem Schlitten festgeschnallt und Dave zog voller Stolz.

他被重新绑在雪橇上，戴夫自豪地拉着雪橇。

Obwohl er manchmal schrie, arbeitete er, als könne man den Schmerz ignorieren.

尽管他有时会大叫，但他仍然努力工作，仿佛可以忽略痛苦。

Mehr als einmal fiel er und wurde mitgeschleift, bevor er wieder aufstand.

他不止一次跌倒，被人拖着才再次站起来。

Einmal wurde er vom Schlitten überrollt und von diesem Moment an humpelte er.

有一次，雪橇从他身上滚了过去，从那一刻起他就一瘸一拐地走路了。

Trotzdem arbeitete er, bis das Lager erreicht war, und legte sich dann ans Feuer.

尽管如此，他还是坚持工作直到到达营地，然后躺在火堆旁。

Am Morgen war Dave zu schwach, um zu reisen oder auch nur aufrecht zu stehen.

到了早上，戴夫已经虚弱得无法行走，甚至无法站立

Als es Zeit war, das Geschirr anzulegen, versuchte er mit zitternder Anstrengung, seinen Fahrer zu erreichen.

在系好马具时，他颤抖着努力试图靠近他的车夫。

Er rappelte sich auf, taumelte und brach auf dem schneebedeckten Boden zusammen.

他强迫自己站起来，却踉跄了一下，倒在了雪地上。

Mithilfe seiner Vorderbeine zog er seinen Körper in Richtung des Angeschirrs.

他用前腿将身体拖向挽具区域。

Zentimeter für Zentimeter schob er sich auf die Arbeitshunde zu.

他一点一点地向前移动，向工作犬靠近。

Er verließ die Kraft, aber er machte mit seinem letzten verzweifelten Vorstoß weiter.

他已经筋疲力尽，但他仍在拼尽最后一丝力气，继续前行。

Seine Teamkollegen sahen ihn im Schnee nach Luft schnappen und sich immer noch danach sehnen, zu ihnen zu kommen.

队友们看到他在雪地里喘着粗气，仍然渴望加入他们

Sie hörten ihn vor Kummer schreien, als sie das Lager hinter sich ließen.

当他们离开营地时，听到了他悲伤的嚎叫。

Als das Team zwischen den Bäumen verschwand, hallte Daves Schrei hinter ihnen wider.

当队伍消失在树林中时，戴夫的叫喊声在他们身后回荡。

Der Schlittenzug hielt kurz an, nachdem er einen Abschnitt des Flusswalds überquert hatte.

雪橇火车穿过一片河边树林后短暂地停了下来。

Der schottische Mischling ging langsam zurück zum Lager dahinter.

苏格兰混血儿慢慢地向后面的营地走去。

Die Männer verstummten, als sie ihn den Schlittenzug verlassen sahen.

当人们看到他离开雪橇列车时，他们停止了说话。

Dann ertönte ein einzelner Schuss klar und scharf über den Weg.

然后，小路上响起了一声清晰而尖锐的枪声。

Der Mann kam schnell zurück und nahm wortlos seinen Platz ein.

那人很快就回来了，一言不发地回到了自己的位置。

Peitschen knallten, Glöckchen bimmelten und die Schlitten rollten durch den Schnee.

鞭子啪啪作响，铃铛叮当作响，雪橇在雪地里滚动。

Aber Buck wusste, was passiert war – und alle anderen Hunde auch.

但巴克知道发生了什么事——其他狗也知道。

Die Mühen der Zügel und des Trails
缰绳与踪迹的辛劳

Dreißig Tage nach dem Verlassen von Dawson erreichte die Salt Water Mail Skaguay.
离开道森三十天后，咸水邮船抵达斯卡圭。

Buck und seine Teamkollegen gingen in Führung, kamen aber in einem erbärmlichen Zustand an.
巴克和他的队友们领先，但到达时他们的状态却很糟糕。

Buck hatte von hundertvierzig auf hundertfünfzehn Pfund abgenommen.
巴克的体重从一百四十磅减到了一百一十五磅。

Die anderen Hunde hatten, obwohl kleiner, noch mehr Körpergewicht verloren.
其他狗虽然体型较小，但体重减轻得更多。

Pike, einst ein vorgetäuschter Hinker, schleppte nun ein wirklich verletztes Bein hinter sich her.
派克曾经假装跛脚，现在却拖着一条真正受伤的腿。

Solleks humpelte stark und Dub hatte ein verrenktes Schulterblatt.
索莱克斯（Solleks）严重跛行，而杜布（Dub）的肩胛骨则扭伤了。

Die Füße aller Hunde im Team waren von den Wochen auf dem gefrorenen Pfad wund.
由于在冰冻的小路上跋涉了数周，队伍中的每只狗都脚痛不已。

Ihre Schritte waren völlig federnd und bewegten sich nur langsam und schleppend.
他们的步伐不再轻快，只有缓慢、拖沓的动作。

Ihre Füße treffen den Weg hart und jeder Schritt belastet ihren Körper stärker.
他们的双脚用力踩在小路上，每一步都给他们的身体带来更大的压力。

Sie waren nicht krank, sondern nur so erschöpft, dass sie sich auf natürliche Weise nicht mehr erholen konnten.

他们并没有生病，只是体力消耗太大，无法自然恢复

Dies war nicht die Müdigkeit eines harten Tages, die durch eine Nachtruhe geheilt werden konnte.

这不是一天辛苦劳累之后，经过一夜休息就能治愈的疲劳。

Es war eine Erschöpfung, die sich durch monatelange, zermürbende Anstrengungen langsam aufgebaut hatte.

这是经过数月艰苦努力慢慢积累起来的疲惫。

Es waren keine Kraftreserven mehr vorhanden, sie hatten alles aufgebraucht, was sie hatten.

没有任何后备力量，他们已经用尽了所有的力量。

Jeder Muskel, jede Faser und jede Zelle ihres Körpers war erschöpft und abgenutzt.

他们身上的每一块肌肉、每一根纤维、每一个细胞都已磨损殆尽。

Und das hatte seinen Grund: Sie hatten zweitausendfünfhundert Meilen zurückgelegt.

这是有原因的——他们已经走了两千五百英里。

Auf den letzten zweitausendachthundert Kilometern hatten sie sich nur fünf Tage ausgeruht.

在最后的一千八百英里中，他们只休息了五天。

Als sie Skaguay erreichten, sahen sie aus, als könnten sie kaum aufrecht stehen.

当他们到达斯卡圭时，他们看起来几乎无法直立。

Sie hatten Mühe, die Zügel straff zu halten und vor dem Schlitten zu bleiben.

他们努力拉紧缰绳，保持领先于雪橇。

Auf abschüssigen Hängen konnten sie nur noch vermeiden, überfahren zu werden.

在下坡时，他们仅仅设法避免被碾压。

„Weiter, ihr armen, wunden Füße", sagte der Fahrer, während sie weiterhumpelten.

"继续前进吧，可怜的脚，好痛啊，"司机一边说着，一边一瘸一拐地往前走。

„Das ist die letzte Strecke, danach bekommen wir alle auf jeden Fall noch eine lange Pause."

"这是最后一段路程，然后我们肯定都会得到一次长时间的休息。"

„Eine richtig lange Pause", versprach er und sah ihnen nach, wie sie weiter taumelten.

"一次真正长久的休息，"他承诺道，看着他们蹒跚地向前走。

Die Fahrer rechneten damit, dass sie nun eine lange, notwendige Pause bekommen würden.

司机们希望他们现在可以得到一次长时间的、必要的休息。

Sie hatten zweitausend Meilen zurückgelegt und nur zwei Tage Pause gemacht.

他们已经走了一千二百英里，只休息了两天。

Sie waren der Meinung, dass sie sich die Zeit zum Entspannen verdient hätten, und das aus fairen und vernünftigen Gründen.

公平而理性地，他们觉得自己应该有时间放松一下。

Aber zu viele waren zum Klondike gekommen und zu wenige waren zu Hause geblieben.

但是来到克朗代克的人太多了，而留在家里的人太少了。

Es gingen unzählige Briefe von Familien ein, die zu Bergen verspäteter Post führten.

来自家人的信件大量涌入，导致大量邮件被延误。

Offizielle Anweisungen trafen ein – neue Hudson Bay-Hunde würden die Nachfolge antreten.

官方命令已下达——新的哈德逊湾犬将接管。

Die erschöpften Hunde, die nun als wertlos galten, sollten entsorgt werden.

这些筋疲力尽的狗现在被认为毫无价值，将被处理掉。

Da Geld wichtiger war als Hunde, sollten sie billig verkauft werden.

因为钱比狗更重要，所以它们将被廉价出售。

Drei weitere Tage vergingen, bevor die Hunde spürten, wie schwach sie waren.

又过了三天，狗才感觉到自己有多么虚弱。

Am vierten Morgen kauften zwei Männer aus den Staaten das gesamte Team.

第四天早上，两个来自美国的男人买下了整支球队。

Der Verkauf umfasste alle Hunde sowie ihre abgenutzte Geschirrausrüstung.

此次出售的商品包括所有狗以及它们磨损的挽具。

Die Männer nannten sich gegenseitig „Hal" und „Charles", als sie den Deal abschlossen.

交易完成后，两人互称"哈尔"和"查尔斯"。

Charles war mittleren Alters, blass, hatte schlaffe Lippen und wilde Schnurrbartspitzen.

查尔斯是一位中年人，面色苍白，嘴唇松弛，胡子尖儿浓密。

Hal war ein junger Mann, vielleicht neunzehn, der einen Patronengürtel trug.

哈尔是个年轻人，大概十九岁，腰间系着一条装满子弹的腰带。

Am Gürtel befanden sich ein großer Revolver und ein Jagdmesser, beide unbenutzt.

腰带上挂着一把大左轮手枪和一把猎刀，均未使用过。

Es zeigte, wie unerfahren und ungeeignet er für das Leben im Norden war.

这表明他缺乏经验，不适合北方的生活。

Keiner der beiden Männer gehörte in die Wildnis; ihre Anwesenheit widersprach jeder Vernunft.

这两个人都不属于荒野；他们的存在违背了一切理性

Buck beobachtete, wie das Geld zwischen Käufer und Makler den Besitzer wechselte.

巴克看着买家和代理人之间金钱交易。

Er wusste, dass die Postzugführer sein Leben wie alle anderen verlassen würden.

他知道，邮政火车司机也像其他人一样，要离开他的生活了。

Sie folgten Perrault und François, die nun unwiederbringlich verschwunden waren.

他们追随了佩罗和弗朗索瓦的脚步，而后者如今已不在人世。

Buck und das Team wurden in das schlampige Lager ihrer neuen Besitzer geführt.

巴克和球队被带到了新主人的简陋营地。

Das Zelt hing durch, das Geschirr war schmutzig und alles lag in Unordnung.

帐篷塌陷，盘子脏兮兮的，一切都乱七八糟。

Buck bemerkte dort auch eine Frau – Mercedes, Charles' Frau und Hals Schwester.

巴克也注意到那里有一个女人——
梅赛德斯，查尔斯的妻子，哈尔的妹妹。

Sie bildeten eine vollständige Familie, obwohl sie alles andere als für den Wanderpfad geeignet waren.

尽管他们远不适合这条路线，但他们组成了一个完整的家庭。

Buck beobachtete nervös, wie das Trio begann, die Vorräte einzupacken.

巴克紧张地看着三人开始打包物资。

Sie arbeiteten hart, aber ohne Ordnung – nur Aufhebens und vergeudete Mühe.

他们努力工作，但没有秩序——
只是忙乱和浪费精力。

Das Zelt war zu einer sperrigen Form zusammengerollt und viel zu groß für den Schlitten.

帐篷被卷成一个笨重的形状，对于雪橇来说太大了。

Schmutziges Geschirr wurde eingepackt, ohne dass es gespült oder getrocknet worden wäre.

脏盘子根本没有清洗或擦干就被打包了。

Mercedes flatterte herum, redete, korrigierte und mischte sich ständig ein.

梅赛德斯四处飞舞，不断地说话、纠正和干涉。

Als ein Sack vorne platziert wurde, bestand sie darauf, dass er hinten drankam.

当一个袋子放在前面时，她坚持把它放在后面。

Sie packte den Sack ganz unten rein und im nächsten Moment brauchte sie ihn.

她把麻袋塞在底部，下一刻她就需要它了。

Also wurde der Schlitten erneut ausgepackt, um an die eine bestimmte Tasche zu gelangen.

因此，雪橇再次被打开，以到达一个特定的袋子。

In der Nähe standen drei Männer vor einem Zelt und beobachteten die Szene.

附近，三名男子站在帐篷外，注视着这一幕的发生。

Sie lächelten, zwinkerten und grinsten über die offensichtliche Verwirrung der Neuankömmlinge.

他们微笑着，眨眨眼，对新来者明显困惑的表情咧嘴一笑。

„Sie haben schon eine ziemlich schwere Last", sagte einer der Männer.

"你已经扛了很重的担子了，" 其中一名男子说道。

„Ich glaube nicht, dass Sie das Zelt tragen sollten, aber es ist Ihre Entscheidung."

"我认为你不应该扛着那顶帐篷，但这是你的选择"

„Unvorstellbar!", rief Mercedes und warf verzweifelt die Hände in die Luft.

"做梦也想不到！" 梅赛德斯绝望地举起双手，大叫道。

„Wie könnte ich ohne Zelt reisen, unter dem ich übernachten kann?"

"没有帐篷我怎么能去旅行呢？"

„Es ist Frühling – Sie werden kein kaltes Wetter mehr erleben", antwortete der Mann.

"现在是春天——
你不会再看到寒冷的天气了，"那人回答道。

Aber sie schüttelte den Kopf und sie stapelten weiterhin Gegenstände auf den Schlitten.

但她摇了摇头，他们继续把物品堆到雪橇上。

Als sie die letzten Dinge hinzufügten, türmte sich die Ladung gefährlich hoch auf.

当他们添加最后的东西时，负载已经高得危险了。

„Glauben Sie, der Schlitten fährt?", fragte einer der Männer mit skeptischem Blick.

"你觉得雪橇能滑行吗？"其中一个男人怀疑地问道

„Warum sollte es nicht?", blaffte Charles mit scharfer Verärgerung zurück.

"为什么不能呢？"查尔斯恼怒地反驳道。

„Oh, das ist schon in Ordnung", sagte der Mann schnell und wich seiner Beleidigung aus.

"哦，没关系，"那人赶紧说道，不再冒犯。

„Ich habe mich nur gewundert – es sah für mich einfach ein bisschen zu kopflastig aus."

"我只是好奇——
它看起来对我来说有点头重脚轻。"

Charles drehte sich um und band die Ladung so gut fest, wie er konnte.

查尔斯转过身，尽力把货物绑好。

Allerdings waren die Zurrgurte locker und die Verpackung insgesamt schlecht ausgeführt.

但捆扎松散，整体包装质量较差。

„Klar, die Hunde machen das den ganzen Tag", sagte ein anderer Mann sarkastisch.

"当然，狗会整天拉这个，"另一个男人讽刺地说。

„Natürlich", antwortete Hal kalt und packte die lange Lenkstange des Schlittens.

"当然，"哈尔冷冷地回答道，抓住了雪橇的长地杆。

Mit einer Hand an der Stange schwang er mit der anderen die Peitsche.

他一手扶着杆子，一手挥动着鞭子。

„Los geht's!", rief er. „Bewegt euch!", und trieb die Hunde zum Aufbruch an.

"出发！"他喊道。"动起来！"他催促着狗们开始行动。

Die Hunde lehnten sich in das Geschirr und spannten sich einige Augenblicke lang an.

狗靠在挽具上，用力了一会儿。

Dann blieben sie stehen, da sie den überladenen Schlitten keinen Zentimeter bewegen konnten.

然后他们停了下来，超载的雪橇一动也不能动。

„Diese faulen Bestien!", schrie Hal und hob die Peitsche, um sie zu schlagen.

"这些懒惰的畜生！"哈尔喊道，举起鞭子抽打他们

Doch Mercedes stürzte herein und riss Hal die Peitsche aus der Hand.

但梅赛德斯冲了进来，从哈尔手中夺走了鞭子。

„Oh, Hal, wage es ja nicht, ihnen wehzutun", rief sie alarmiert.

"哦，哈尔，你敢伤害他们，"她惊慌地喊道。

„Versprich mir, dass du nett zu ihnen bist, sonst gehe ich keinen Schritt weiter."

"答应我，你会善待他们，否则我就不再前进一步"

„Du weißt nichts über Hunde", fuhr Hal seine Schwester an.

"你对狗一无所知，"哈尔厉声对妹妹说。

„Sie sind faul, und die einzige Möglichkeit, sie zu bewegen, besteht darin, sie zu peitschen."

"他们很懒，唯一能让他们动起来的方法就是鞭打他们。"

„Fragen Sie irgendjemanden – fragen Sie einen dieser Männer dort drüben, wenn Sie mir nicht glauben."

"如果你怀疑我，就问任何人——
问那边的那些人中的一个。"

Mercedes sah die Zuschauer mit flehenden, tränennassen Augen an.
梅赛德斯用恳求和泪眼看着旁观者。

Ihr Gesicht zeigte, wie sehr sie den Anblick jeglichen Schmerzes hasste.
她的脸上流露出她对看到任何痛苦的极度厌恶。

„Sie sind schwach, das ist alles", sagte ein Mann. „Sie sind erschöpft."
"他们只是虚弱而已，"一名男子说道，"他们已经筋疲力尽了。"

„Sie brauchen Ruhe – sie haben zu lange ohne Pause gearbeitet."
"他们需要休息——
他们已经工作太久了，没有休息过。"

„Der Rest sei verflucht", murmelte Hal mit verzogenen Lippen.
"剩下的就见鬼去吧，"哈尔撇着嘴嘟囔道。

Mercedes schnappte nach Luft, sein grobes Wort schmerzte sie sichtlich.
梅赛德斯倒吸了一口气，显然被他粗鲁的言辞弄得很痛苦。

Dennoch blieb sie loyal und verteidigte ihren Bruder sofort.
尽管如此，她仍然保持忠诚并立即保护了她的兄弟。

„Kümmere dich nicht um den Mann", sagte sie zu Hal. „Das sind unsere Hunde."
"别介意那个男人，"她对哈尔说。"它们是我们的狗。"

„Fahren Sie sie, wie Sie es für richtig halten – tun Sie, was Sie für richtig halten."
"你按照自己认为合适的方式驾驶它们——
做你认为正确的事。"

Hal hob die Peitsche und schlug die Hunde erneut gnadenlos.

哈尔举起鞭子，再次毫不留情地抽打狗。

Sie stürzten sich nach vorne, die Körper tief gebeugt, die Füße in den Schnee gedrückt.

他们猛地向前冲去，身体放低，双脚深深地插入雪中。

Sie gaben sich alle Mühe, den Schlitten zu ziehen, aber er bewegte sich nicht.

他们用尽全身的力气去拉，但雪橇却纹丝不动。

Der Schlitten blieb wie ein im Schnee festgefrorener Anker stecken.

雪橇卡住了，就像一个锚被冻在了厚厚的雪里。

Nach einem zweiten Versuch blieben die Hunde wieder stehen und keuchten schwer.

经过第二次尝试，狗再次停了下来，气喘吁吁。

Hal hob die Peitsche noch einmal, gerade als Mercedes erneut eingriff.

就在梅赛德斯再次出手阻拦时，哈尔再次举起了鞭子。

Sie fiel vor Buck auf die Knie und umarmte seinen Hals.

她跪在巴克面前并抱住他的脖子。

Tränen traten ihr in die Augen, als sie den erschöpften Hund anflehte.

当她恳求这只筋疲力尽的狗时，她的眼里充满了泪水

„Ihr Armen", sagte sie, „warum zieht ihr nicht einfach stärker?"

"你这可怜的孩子，"她说，"为什么不再用力拉一点呢？"

„Wenn du ziehst, wirst du nicht so ausgepeitscht."

"如果你拉的话，就不会被这样鞭打了。"

Buck mochte Mercedes nicht, aber er war zu müde, um ihr jetzt zu widerstehen.

巴克不喜欢梅赛德斯，但是他现在太累了，无法抗拒她。

Er akzeptierte ihre Tränen als einen weiteren Teil dieses elenden Tages.

他把她的眼泪当做这悲惨的一天的一部分。

Einer der zuschauenden Männer ergriff schließlich das Wort, nachdem er seinen Ärger unterdrückt hatte.

一名围观的男子终于强忍住怒火，开口说道。

„Es ist mir egal, was mit euch passiert, Leute, aber diese Hunde sind wichtig."

"我不关心你们发生了什么，但那些狗很重要。"

„Wenn du helfen willst, mach den Schlitten los – er ist am Schnee festgefroren."

"如果你想帮忙，就把雪橇松开——
它已经冻在雪上了。"

„Drücken Sie fest auf die Gee-Stange, rechts und links, und brechen Sie die Eisversiegelung."

"用力推航向杆，左右推动，打破冰封。"

Ein dritter Versuch wurde unternommen, diesmal auf Vorschlag des Mannes.

第三次尝试之后，这次听从了该男子的建议。

Hal schaukelte den Schlitten von einer Seite auf die andere und löste so die Kufen.

哈尔左右摇晃着雪橇，把滑板摇松了。

Obwohl der Schlitten überladen und unhandlich war, machte er schließlich einen Satz nach vorne.

雪橇虽然超载且笨重，但最终还是向前蹒跚而行。

Buck und die anderen zogen wild, angetrieben von einem Sturm aus Schleudertraumen.

巴克和其他人疯狂地拉着船，被一阵鞭子抽打着。

Hundert Meter weiter machte der Weg eine Biegung und führte in die Straße hinein.

前方一百码处，小路弯曲并倾斜进入街道。

Um den Schlitten aufrecht zu halten, hätte es eines erfahrenen Fahrers bedurft.

需要一位熟练的驾驶员才能保持雪橇直立。

Hal war nicht geschickt und der Schlitten kippte, als er um die Kurve schwang.

哈尔的技术并不熟练，雪橇在转弯时倾斜了。

Lose Zurrgurte gaben nach und die Hälfte der Ladung ergoss sich auf den Schnee.

松散的捆扎带断裂，一半的货物散落在雪地上。

Die Hunde hielten nicht an; der leichtere Schlitten flog auf der Seite weiter.

狗没有停下来；较轻的雪橇侧身飞驰而去。

Wütend über die Beschimpfungen und die schwere Last rannten die Hunde noch schneller.

由于受到虐待和负担过重，狗变得愤怒，跑得更快了。

Buck rannte wütend los und das Team folgte ihm.

巴克勃然大怒，拔腿就跑，队伍紧随其后。

Hal rief „Whoa! Whoa!", aber das Team beachtete ihn nicht.

哈尔大喊"哇！哇！"但队员们没有理会他。

Er stolperte, fiel und wurde am Geschirr über den Boden geschleift.

他绊倒了，摔倒了，被安全带拖着在地上行走。

Der umgekippte Schlitten wurde über ihn geworfen, als die Hunde weiterrasten.

当狗在前面奔跑时，翻倒的雪橇撞到了他。

Die restlichen Vorräte verteilten sich über die belebte Straße von Skaguay.

其余物资散落在斯卡圭繁忙的街道上。

Gutherzige Menschen eilten herbei, um die Hunde anzuhalten und die Ausrüstung einzusammeln.

好心人赶紧上前阻止，并收拾好装备。

Sie gaben den neuen Reisenden auch direkte und praktische Ratschläge.

他们还向新旅行者提供了直率而实用的建议。

„Wenn Sie Dawson erreichen wollen, nehmen Sie die halbe Ladung und die doppelte Anzahl an Hunden mit."

"如果你想到达道森，就带一半的货物，双倍的狗。"

Hal, Charles und Mercedes hörten zu, wenn auch nicht mit Begeisterung.
哈尔、查尔斯和梅赛德斯听着，但并不热情。

Sie bauten ihr Zelt auf und begannen, ihre Vorräte zu sortieren.
他们搭起帐篷并开始整理物资。

Heraus kamen Konserven, die die Zuschauer laut lachen ließen.
罐头食品端了出来，引得围观的人哈哈大笑。

„Konserven auf dem Weg? Bevor die schmelzen, verhungern Sie", sagte einer.
"路上有罐头食品？等它们融化了你就会饿死的。" 一个人说道。

„Hoteldecken? Die wirfst du am besten alle weg."
"酒店的毯子？你最好把它们都扔掉。"

„Schmeißen Sie auch das Zelt weg, und hier spült niemand mehr Geschirr."
"把帐篷也扔掉，这里就没人洗碗了。"

„Sie glauben, Sie fahren in einem Pullman-Zug mit Bediensteten an Bord?"
"你以为你乘坐的是一辆有仆人的普尔曼火车吗？"

Der Prozess begann – jeder nutzlose Gegenstand wurde beiseite geworfen.
流程开始了——所有无用的物品都被扔到一边。

Mercedes weinte, als ihre Taschen auf den schneebedeckten Boden geleert wurden.
当她的行李被倒在雪地上时，梅赛德斯哭了。

Sie schluchzte ohne Pause über jeden einzelnen hinausgeworfenen Gegenstand.
她对着被扔掉的每件物品不停地抽泣。

Sie schwor, keinen Schritt weiterzugehen – nicht einmal für zehn Charleses.
她发誓不再向前迈进一步——哪怕是十个查尔斯。

Sie flehte alle Menschen in ihrer Nähe an, ihr ihre wertvollen Sachen zu überlassen.

她恳求附近的每个人让她保留她的珍贵物品。

Schließlich wischte sie sich die Augen und begann, auch die wichtigsten Kleidungsstücke wegzuwerfen.

最后，她擦干了眼睛，开始扔掉哪怕是至关重要的衣服。

Als sie mit ihrem eigenen fertig war, begann sie, die Vorräte der Männer auszuräumen.

当她处理完自己的物品后，她开始清空男人们的物品。

Wie ein Wirbelwind verwüstete sie die Habseligkeiten von Charles und Hal.

她像旋风一样，把查尔斯和哈尔的物品都洗劫一空。

Obwohl die Ladung halbiert wurde, war sie immer noch viel schwerer als nötig.

尽管负载减少了一半，但仍然远远超过了需要的重量。

In dieser Nacht gingen Charles und Hal los und kauften sechs neue Hunde.

那天晚上，查尔斯和哈尔出去买了六只新狗。

Diese neuen Hunde gesellten sich zu den ursprünglichen sechs, plus Teek und Koona.

这些新狗加入了原来的六只狗，还有 Teek 和 Koona。

Zusammen bildeten sie ein Gespann aus vierzehn Hunden, die vor den Schlitten gespannt wurden.

他们一起组成了一支由十四只狗组成的队伍，这些狗都被拴在雪橇上。

Doch die neuen Hunde waren für die Schlittenarbeit ungeeignet und schlecht ausgebildet.

但新来的狗不适合拉雪橇，训练也很差。

Drei der Hunde waren kurzhaarige Vorstehhunde und einer war ein Neufundländer.

其中三只狗是短毛指示犬，一只是纽芬兰犬。

Bei den letzten beiden Hunden handelte es sich um Mischlinge ohne eindeutige Rasse oder Zweckbestimmung.

最后两只狗是杂种狗，没有明确的品种或用途。

Sie haben den Weg nicht verstanden und ihn nicht schnell gelernt.

他们不了解这条路线，而且他们没有很快学会它。

Buck und seine Kameraden beobachteten sie mit Verachtung und tiefer Verärgerung.

巴克和他的伙伴们带着轻蔑和深深的恼怒看着他们。

Obwohl Buck ihnen beibrachte, was sie nicht tun sollten, konnte er ihnen keine Pflicht beibringen.

尽管巴克教会了他们什么不该做，但他却无法教会他们责任。

Sie kamen mit dem Leben auf dem Wanderpfad und dem Ziehen von Zügeln und Schlitten nicht gut zurecht.

它们不适应跟踪生活，也不适应缰绳和雪橇的拉动。

Nur die Mischlinge versuchten, sich anzupassen, und selbst ihnen fehlte der Kampfgeist.

只有杂种狗试图适应，但即使如此，它们也缺乏战斗精神。

Die anderen Hunde waren durch ihr neues Leben verwirrt, geschwächt und gebrochen.

其他狗对新生活感到困惑、虚弱和崩溃。

Da die neuen Hunde ahnungslos und die alten erschöpft waren, gab es kaum Hoffnung.

由于新来的狗毫无头绪，而老狗又筋疲力尽，希望渺茫。

Bucks Team hatte zweitausendfünfhundert Meilen eines rauen Pfades zurückgelegt.

巴克的队伍已经走过了二千五百英里的艰难道路。

Dennoch waren die beiden Männer fröhlich und stolz auf ihr großes Hundegespann.

尽管如此，这两个人还是很高兴，并为他们的大型狗队感到自豪。

Sie dachten, sie würden mit Stil reisen, mit vierzehn
Hunden an der Leine.

他们以为带着十四只狗的旅行很时尚。

Sie hatten gesehen, wie Schlitten nach Dawson aufbrachen
und andere von dort ankamen.

他们看到雪橇出发前往道森，其他雪橇也从那里抵达
。

Aber noch nie hatten sie eins gesehen, das von bis zu
vierzehn Hunden gezogen wurde.

但他们从未见过由十四只狗拉着的火车。

Es gab einen Grund, warum solche Teams in der arktischen
Wildnis selten waren.

这样的队伍在北极荒野中很少见，这是有原因的。

Kein Schlitten konnte genug Futter transportieren, um
vierzehn Hunde für die Reise zu versorgen.

没有一辆雪橇能够装载足够的食物来喂养十四只狗。

Aber Charles und Hal wussten das nicht – sie hatten
nachgerechnet.

但查尔斯和哈尔不知道这一点——他们已经算过了。

Sie haben das Futter berechnet: so viel pro Hund, so viele
Tage, fertig.

他们用铅笔写下食物量：每只狗需要多少，需要多少
天，就吃完。

Mercedes betrachtete ihre Zahlen und nickte, als ob es Sinn
machte.

梅赛德斯看着他们的身影，点了点头，仿佛觉得很有
道理。

Zumindest auf dem Papier erschien ihr alles sehr einfach.

对她来说，一切都显得非常简单，至少在纸面上是如
此。

Am nächsten Morgen führte Buck das Team langsam die
verschneite Straße hinauf.

第二天早上，巴克带领队伍沿着积雪的街道缓缓前行

Weder er noch die Hunde hinter ihm hatten Energie oder Tatendrang.

他和他身后的狗都失去了活力和精神。

Sie waren von Anfang an todmüde, es waren keine Reserven mehr vorhanden.

他们从一开始就非常疲惫——没有任何后劲。

Buck hatte bereits vier Fahrten zwischen Salt Water und Dawson unternommen.

巴克已在 Salt Water 和 Dawson 之间往返了四次。

Als er nun erneut vor derselben Spur stand, empfand er nichts als Bitterkeit.

如今，再次面临同样的考验，他只感到苦涩。

Er war nicht mit dem Herzen dabei und die anderen Hunde auch nicht.

他心不在焉，其他狗也一样。

Die neuen Hunde waren schüchtern und den Huskys fehlte jegliches Vertrauen.

新来的狗很胆小，哈士奇也缺乏信任。

Buck spürte, dass er sich auf diese beiden Männer oder ihre Schwester nicht verlassen konnte.

巴克感觉到他不能依赖这两个人或他们的妹妹。

Sie wussten nichts und zeigten auf dem Weg keine Anzeichen, etwas zu lernen.

他们什么都不知道，而且在路上也没有表现出任何学习的迹象。

Sie waren unorganisiert und es fehlte ihnen jeglicher Sinn für Disziplin.

他们组织混乱，缺乏纪律性。

Sie brauchten jedes Mal die halbe Nacht, um ein schlampiges Lager aufzubauen.

每次他们都要花半夜的时间才能搭建一个简陋的营地

Und den halben nächsten Morgen verbrachten sie wieder damit, am Schlitten herumzufummeln.

第二天上午他们又花了大半天时间笨手笨脚地推着雪橇。

Gegen Mittag hielten sie oft nur an, um die ungleichmäßige Beladung zu korrigieren.

到了中午，他们常常会停下来只是为了修理不均匀的负载。

An manchen Tagen legten sie insgesamt weniger als sechzehn Kilometer zurück.

有些日子，他们总共行走不到十英里。

An anderen Tagen schafften sie es überhaupt nicht, das Lager zu verlassen.

其他日子里，他们根本没能离开营地。

Sie kamen nie auch nur annähernd an die geplante Nahrungsdistanz heran.

他们从来没有接近完成计划的食物距离。

Wie erwartet ging das Futter für die Hunde sehr schnell aus.

正如他们所料，狗粮很快就吃完了。

Sie haben die Sache noch schlimmer gemacht, indem sie in den ersten Tagen zu viel gefüttert haben.

早期他们喂食过多，导致情况变得更糟。

Mit jeder unvorsichtigen Ration rückte der Hungertod näher.

每一次不注意配给，都使饥饿离我们越来越近。

Die neuen Hunde hatten nicht gelernt, mit sehr wenig zu überleben.

新来的狗还没有学会如何靠很少的资源生存。

Sie aßen hungrig, ihr Appetit war zu groß für den Weg.

他们狼吞虎咽地吃着东西，胃口太大，不适合走这条路。

Als Hal sah, wie die Hunde schwächer wurden, glaubte er, dass das Futter nicht ausreichte.

看到狗越来越虚弱，哈尔认为食物不够。

Er verdoppelte die Rationen und verschlimmerte damit den Fehler noch.

他把口粮增加了一倍，这使错误变得更加严重。

Mercedes verschärfte das Problem mit Tränen und leisem Flehen.

梅赛德斯的眼泪和轻声的恳求让问题变得更加严重。

Als sie Hal nicht überzeugen konnte, fütterte sie die Hunde heimlich.

当她无法说服哈尔时，她就偷偷地喂狗。

Sie stahl den Fisch aus den Säcken und gab ihn ihnen hinter seinem Rücken.

她偷走了鱼袋里的鱼，并背着他给了他们。

Doch was die Hunde wirklich brauchten, war nicht mehr Futter, sondern Ruhe.

但狗真正需要的不是更多的食物，而是休息。

Sie kamen nur langsam voran, aber der schwere Schlitten schleppte sich trotzdem weiter.

他们的速度很慢，但沉重的雪橇仍然向前移动。

Allein dieses Gewicht zehrte jeden Tag an ihrer verbleibenden Kraft.

单是这个重量就足以消耗他们每天仅剩的体力。

Dann kam es zur Phase der Unterernährung, da die Vorräte zur Neige gingen.

随后，由于供给不足，进入了食物不足的阶段。

Eines Morgens stellte Hal fest, dass die Hälfte des Hundefutters bereits weg war.

一天早上，哈尔发现一半的狗粮已经吃完了。

Sie hatten nur ein Viertel der gesamten Wegstrecke zurückgelegt.

他们只走了总路程的四分之一。

Es konnten keine Lebensmittel mehr gekauft werden, egal zu welchem Preis.

无论出价多少，都买不到更多的食物。

Er reduzierte die Portionen der Hunde unter die normale Tagesration.

他将狗的食量减少到标准每日定量以下。

Gleichzeitig forderte er längere Reisemöglichkeiten, um die Verluste auszugleichen.

同时，他要求延长旅行时间以弥补损失。

Mercedes und Charles unterstützten diesen Plan, scheiterten jedoch bei der Umsetzung.

梅赛德斯和查尔斯支持这个计划，但在执行上失败了。

Ihr schwerer Schlitten und ihre mangelnden Fähigkeiten machten ein Vorankommen nahezu unmöglich.

由于雪橇太重，加上缺乏技巧，他们的前进几乎是不可能的。

Es war einfach, weniger Futter zu geben, aber unmöglich, mehr Anstrengung zu erzwingen.

少给食物很容易，但强迫别人多付出却不可能。

Sie konnten weder früher anfangen, noch konnten sie Überstunden machen.

他们不能早点出发，也不能加班。

Sie wussten nicht, wie sie mit den Hunden und überhaupt mit sich selbst arbeiten sollten.

他们不知道该如何训练狗，甚至不知道该如何训练他们自己。

Der erste Hund, der starb, war Dub, der unglückliche, aber fleißige Dieb.

第一只死去的狗是杜布，一只不幸但勤奋的小偷。

Obwohl Dub oft bestraft wurde, leistete er ohne zu klagen seinen Beitrag.

尽管经常受到惩罚，但杜布仍然毫无怨言地尽职尽责

Seine Schulterverletzung verschlimmerte sich ohne Pflege und nötige Ruhe.

他的肩膀受伤，如果不加以治疗或休息，情况就会变得更糟。

Schließlich beendete Hal mit dem Revolver Dubs Leiden.

最后，哈尔用左轮手枪结束了杜布的痛苦。

Ein gängiges Sprichwort besagt, dass normale Hunde an der Husky-Ration sterben.

有句俗话说，普通的狗吃了哈士奇的食物就会死。

Bucks sechs neue Gefährten bekamen nur die Hälfte des Futteranteils des Huskys.

巴克的六个新伙伴只得到了哈士奇一半的食物份额。

Zuerst starb der Neufundländer, dann die drei kurzhaarigen Vorstehhunde.

纽芬兰犬首先死去，然后是三只短毛指针犬。

Die beiden Mischlinge hielten länger durch, kamen aber schließlich wie die anderen um.

两只杂种狗坚持得更久，但最终还是像其他狗一样死去了。

Zu diesem Zeitpunkt waren alle Annehmlichkeiten und die Sanftheit des Südens verschwunden.

此时，南国的舒适与温柔已荡然无存。

Die drei Menschen hatten die letzten Spuren ihrer zivilisierten Erziehung abgelegt.

这三个人已经失去了文明成长的最后一丝痕迹。

Ohne Glamour und Romantik wurde das Reisen in die Arktis zur brutalen Realität.

北极旅行失去了魅力和浪漫，变得残酷而真实。

Es war eine Realität, die zu hart für ihr Männlichkeits- und Weiblichkeitsgefühl war.

对于他们的男子气概和女人味而言，这个现实太过残酷。

Mercedes weinte nicht mehr um die Hunde, sondern nur noch um sich selbst.

梅赛德斯不再为狗哭泣，现在只为自己哭泣。

Sie verbrachte ihre Zeit damit, zu weinen und mit Hal und Charles zu streiten.

她一直哭泣并与哈尔和查尔斯争吵。

Streiten war das Einzige, wozu sie nie zu müde waren.

争吵是他们永远不会厌倦的一件事。

Ihre Gereiztheit rührte vom Elend her, wuchs mit ihm und übertraf es.

他们的烦躁源自痛苦，并随着痛苦而增长，最终超越痛苦。

Die Geduld des Weges, die diejenigen kennen, die sich abmühen und freundlich leiden, kam nie.

那些辛勤劳作、忍受痛苦的人所知道的耐心之路从未到来。

Diese Geduld, die die Sprache trotz Schmerzen süß hält, war ihnen unbekannt.

他们不知道，在痛苦中，耐心能让言语保持甜美。

Sie besaßen nicht die geringste Spur von Geduld und schöpften keine Kraft aus dem anmutigen Leiden.

他们没有一丝耐心，也没有从忍受痛苦中获得力量。

Sie waren steif vor Schmerz – ihre Muskeln, Knochen und ihr Herz schmerzten.

他们因疼痛而僵硬——肌肉、骨头和心脏都在疼痛。

Aus diesem Grund bekamen sie eine scharfe Zunge und waren schnell im Umgang mit harten Worten.

因此，他们的言辞变得尖刻，而且容易说出恶毒的话。

Jeder Tag begann und endete mit wütenden Stimmen und bitteren Klagen.

每天的开始和结束都是在愤怒的声音和痛苦的抱怨中

Charles und Hal stritten sich, wann immer Mercedes ihnen eine Chance gab.

只要梅赛德斯给他们机会，查尔斯和哈尔就会争吵起来。

Jeder Mann glaubte, dass er mehr als seinen gerechten Anteil an der Arbeit geleistet hatte.

每个人都认为自己所做的工作超过了自己应承担的份额。

Keiner von beiden ließ es sich je entgehen, dies immer wieder zu sagen.

他们俩都不会错过一次又一次表达自己观点的机会。

Manchmal stand Mercedes auf der Seite von Charles, manchmal auf der Seite von Hal.

有时梅赛德斯站在查尔斯一边，有时站在哈尔一边。

Dies führte zu einem großen und endlosen Streit zwischen den dreien.

这导致三人之间爆发了一场巨大而无休止的争吵。

Ein Streit darüber, wer Brennholz hacken sollte, geriet außer Kontrolle.

关于谁应该砍柴的争论愈演愈烈。

Bald wurden Väter, Mütter, Cousins und verstorbene Verwandte genannt.

很快，父亲、母亲、表亲和已故亲属的名字就被列出来了。

Hal's Ansichten über Kunst oder die Theaterstücke seines Onkels wurden Teil des Kampfes.

哈尔对艺术的看法或他叔叔的戏剧成为了争论的一部分。

Auch Charles' politische Überzeugungen wurden in die Debatte einbezogen.

查尔斯的政治信仰也进入了争论之中。

Für Mercedes schienen sogar die Gerüchte über die Schwester ihres Mannes relevant zu sein.

对于梅赛德斯来说，就连她丈夫姐姐的八卦似乎也与她有关。

Sie äußerte ihre Meinung dazu und zu vielen Fehlern in Charles' Familie.

她对此以及查尔斯家族的许多缺点发表了自己的看法。

Während sie stritten, blieb das Feuer aus und das Lager war halb fertig.

当他们争吵的时候，火还没有点燃，营地也只搭了一半。

In der Zwischenzeit waren die Hunde unterkühlt und hatten nichts zu fressen.

与此同时，狗仍然处于寒冷之中，并且没有任何食物

Mercedes hegte einen Groll, den sie als zutiefst persönlich betrachtete.

梅赛德斯心里怀着深深的个人怨恨。

Sie fühlte sich als Frau misshandelt und fühlte sich ihrer Privilegien beraubt.

她觉得自己作为一名女性受到了虐待，被剥夺了应有的温柔权利。

Sie war hübsch und sanft und pflegte ihr ganzes Leben lang ritterliche Gesten.

她美丽而温柔，一生都具有骑士精神。

Doch ihr Mann und ihr Bruder begegneten ihr nun mit Ungeduld.

但她的丈夫和兄弟现在对她很不耐烦。

Sie hatte die Angewohnheit, sich hilflos zu verhalten, und sie begannen, sich zu beschweren.

她习惯于表现得无助，于是他们开始抱怨。

Sie war davon beleidigt und machte ihnen das Leben noch schwerer.

她因此而感到被冒犯，使他们的生活变得更加艰难。

Sie ignorierte die Hunde und bestand darauf, den Schlitten selbst zu fahren.

她不理会狗，坚持自己骑雪橇。

Obwohl sie von leichter Gestalt war, wog sie fünfundvierzig Kilo.

虽然看上去很轻盈，但她的体重却有一百二十磅。

Diese zusätzliche Belastung war zu viel für die hungernden, schwachen Hunde.

对于饥饿、虚弱的狗来说，额外的负担实在太重了。

Trotzdem ritt sie tagelang, bis die Hunde in den Zügeln zusammenbrachen.

尽管如此，她还是骑了好几天，直到狗在缰绳上倒下

Der Schlitten stand still und Charles und Hal baten sie, zu laufen.

雪橇停了下来，查尔斯和哈尔恳求她走一走。

Sie flehten und flehten, aber sie weinte und nannte sie grausam.

他们苦苦哀求，但她却哭泣着说他们残忍。

Einmal zogen sie sie mit purer Kraft und Wut vom Schlitten.

有一次，他们用蛮力和愤怒把她从雪橇上拉了下来。

Nach dem, was damals passiert ist, haben sie es nie wieder versucht.

自从那次事件发生之后，他们就再也没有尝试过。

Sie wurde schlaff wie ein verwöhntes Kind und setzte sich in den Schnee.

她像一个被宠坏的孩子一样瘫软地坐在雪地里。

Sie gingen weiter, aber sie weigerte sich aufzustehen oder ihnen zu folgen.

他们继续前行，但她拒绝起身或跟在后面。

Nach drei Meilen hielten sie an, kehrten um und trugen sie zurück.

走了三英里后，他们停下来，又返回，并把她抬了回来。

Sie luden sie wieder auf den Schlitten, wobei sie erneut rohe Gewalt anwandten.

他们再次用蛮力将她抬到雪橇上。

In ihrem tiefen Elend zeigten sie gegenüber dem Leid der Hunde keine Skrupel.

在深深的痛苦中，他们对狗的痛苦无动于衷。

Hal glaubte, man müsse sich abhärten und zwang anderen diesen Glauben auf.

哈尔认为一个人必须变得坚强，并将这种信念强加于他人。

Er versuchte zunächst, seiner Schwester seine Philosophie zu predigen

他首先尝试向他的妹妹宣扬他的哲学

und dann predigte er erfolglos seinem Schwager.

然后，他又向他的姐夫传道，但没有成功。

Bei den Hunden hatte er mehr Erfolg, aber nur, weil er ihnen weh tat.

他在训狗方面取得了更大的成功，但这只是因为他伤害了它们。

Bei Five Fingers ist das Hundefutter komplett ausgegangen.

在 Five Fingers，狗粮已经完全吃完了。

Eine zahnlose alte Squaw verkaufte ein paar Pfund gefrorenes Pferdeleder

一个没有牙齿的老女人卖了几磅冷冻马皮

Hal tauschte seinen Revolver gegen das getrocknete Pferdefell.

哈尔用他的左轮手枪换了一张干马皮。

Das Fleisch stammte von den Pferden der Viehzüchter, die Monate zuvor verhungert waren.

这些肉来自几个月前牧场主饿死的马。

Gefroren war die Haut wie verzinktes Eisen: zäh und ungenießbar.

冷冻后，兽皮就像镀锌的铁一样，坚硬且无法食用。

Die Hunde mussten endlos auf dem Fell herumkauen, um es zu fressen.

狗必须不停地咀嚼兽皮才能吃掉它。

Doch die ledrigen Fäden und das kurze Haar waren kaum Nahrung.

但坚韧的绳索和短毛几乎不能提供任何营养。

Das Fell war größtenteils irritierend und kein echtes Nahrungsmittel.

大部分兽皮都具有刺激性，并且不是真正意义上的食物。

Und während all dem taumelte Buck vorne herum, wie in einem Albtraum.

而在整个过程中，巴克在前面摇摇晃晃，就像在一场噩梦中一样。

Er zog, wenn er dazu in der Lage war; wenn nicht, blieb er liegen, bis er mit einer Peitsche oder einem Knüppel hochgehoben wurde.

能拉的时候他就拉；不能拉的时候他就躺着，直到用鞭子或棍棒把他拉起来。

Sein feines, glänzendes Fell hatte jegliche Steifheit und jeglichen Glanz verloren, den es einst hatte.

他那细腻光滑的皮毛已经失去了昔日的坚硬和光泽。

Sein Haar hing schlaff herunter, war zerzaust und mit getrocknetem Blut von den Schlägen verklebt.

他的头发松软、凌乱，上面沾满了被打后留下的干血

Seine Muskeln schrumpften zu Sehnen und seine Fleischpolster waren völlig abgenutzt.

他的肌肉萎缩成条状，肉垫全部磨损。

Jede Rippe, jeder Knochen war deutlich durch die Falten der runzligen Haut zu sehen.

每根肋骨、每根骨头都透过皱巴巴的皮肤清晰地显露出来。

Es war herzzerreißend, doch Bucks Herz konnte nicht brechen.

这令人心碎，但巴克的心却无法破碎。

Der Mann im roten Pullover hatte das getestet und vor langer Zeit bewiesen.

穿红毛衣的男人很久以前就测试过并证明了这一点。

So wie es bei Buck war, war es auch bei allen seinen übrigen Teamkollegen.

巴克的情况如此，他剩下的队友也同样如此。

Insgesamt waren es sieben, jeder einzelne ein wandelndes Skelett des Elends.

总共有七个，每一个都是行走的痛苦骷髅。

Sie waren gegenüber den Peitschenhieben taub geworden und spürten nur noch entfernten Schmerz.

他们已经对鞭打麻木了，只感觉到遥远的痛苦。

Sogar Bild und Ton erreichten sie nur schwach, wie durch dichten Nebel.

他们甚至连视觉和听觉都难以察觉，就像透过浓雾一样。

Sie waren nicht halb lebendig – es waren Knochen mit schwachen Funken darin.

它们不再是半死不活的——
它们只是骨头，里面却闪烁着微弱的火花。

Als sie angehalten wurden, brachen sie wie Leichen zusammen, ihre Funken waren fast erloschen.

当它们停下来时，它们就像尸体一样倒下，身上的火花几乎消失了。

Und als die Peitsche oder der Knüppel erneut zuschlug, sprühten schwache Funken.

当鞭子或棍棒再次击打时，火花就会无力地闪烁。

Dann erhoben sie sich, taumelten vorwärts und schleiften ihre Gliedmaßen vor sich her.

然后他们站起身，蹒跚地向前走去，拖着四肢。

Eines Tages stürzte der nette Billee und konnte überhaupt nicht mehr aufstehen.

有一天，善良的比利倒下了，再也站不起来了。

Hal hatte seinen Revolver eingetauscht und benutzte stattdessen eine Axt, um Billee zu töten.

哈尔已经换了他的左轮手枪，所以他用斧头杀死了比利。

Er schlug ihm auf den Kopf, schnitt dann seinen Körper los und schleifte ihn weg.

他击打了那人的头部，然后把他的身体砍断并拖走。

Buck sah dies und die anderen auch; sie wussten, dass der Tod nahe war.

巴克看到了这一幕，其他人也看到了；他们知道死亡即将来临。

Am nächsten Tag ging Koona und ließ nur fünf Hunde im hungernden Team zurück.

第二天，库纳就走了，只留下五只饥饿的狗留在队伍里。

Joe war nicht länger gemein, sondern zu weit weg, um überhaupt noch viel mitzubekommen.

乔不再那么卑鄙，但他已经完全失去了意识。

Pike täuschte seine Verletzung nicht länger vor und war kaum bei Bewusstsein.

派克不再假装受伤，几乎失去了意识。

Solleks, der immer noch treu war, beklagte, dass er nicht mehr die Kraft hatte, etwas zu geben.

索莱克斯仍然忠诚，他哀叹自己没有力量给予。

Teek wurde am häufigsten geschlagen, weil er frischer war, aber schnell nachließ.

蒂克之所以遭受打击最为严重，是因为他体能较为充沛，但状态却很快下滑。

Und Buck, der immer noch in Führung lag, sorgte nicht länger für Ordnung und setzte sie auch nicht durch.

而巴克，仍然处于领先地位，不再维持秩序或执行秩序。

Halb blind vor Schwäche folgte Buck der Spur nur nach Gefühl.

由于虚弱，巴克几乎失去了视力，只能凭感觉追踪。

Es war schönes Frühlingswetter, aber keiner von ihnen bemerkte es.

春天的天气真好，但他们却没有一个人注意到。

Jeden Tag ging die Sonne früher auf und später unter als zuvor.

每天太阳都比以前升得更早，落得更晚。

Um drei Uhr morgens dämmerte es, die Dämmerung dauerte bis neun Uhr.

凌晨三点，黎明到来；暮色一直持续到晚上九点。

Die langen Tage waren erfüllt von der vollen Strahlkraft des Frühlingssonnenscheins.

漫长的日子里，春日的阳光灿烂无比。

Die gespenstische Stille des Winters hatte sich in ein warmes Murmeln verwandelt.

冬日里幽灵般的寂静已变成温暖的低语。

Das ganze Land erwachte und war erfüllt von der Freude am Leben.

整片大地都苏醒了，允满了生机勃勃的欢乐。

Das Geräusch kam von etwas, das den Winter über tot und reglos dagelegen hatte.

这声音来自冬天里死寂的土地。

Jetzt bewegten sich diese Dinger wieder und schüttelten den langen Frostschlaf ab.

现在，那些东西又动了起来，摆脱了漫长的霜冻沉睡。

Saft stieg durch die dunklen Stämme der wartenden Kiefern.

树液正从等待的松树的黑色树干中涌出。

An jedem Zweig von Weiden und Espen treiben leuchtende junge Knospen aus.

柳树和白杨树的每根小枝上都冒出了鲜艳的嫩芽。

Sträucher und Weinreben erstrahlten in frischem Grün, als der Wald zum Leben erwachte.

树林里充满了生机，灌木和藤蔓也披上了新的绿装。

Nachts zirpten Grillen und in der Sonne krabbelten Käfer.

蟋蟀在夜晚鸣叫，虫子在白天阳光下爬行。

Rebhühner dröhnten und Spechte klopften tief in den Bäumen.

鹧鸪鸣叫，啄木鸟在树丛深处啄木。

Eichhörnchen schnatterten, Vögel sangen und Gänse schnatterten über den Hunden.

松鼠叽叽喳喳，鸟儿歌唱，鹅在狗的叫声中鸣叫。

Das Wildgeflügel kam in scharfen Keilen und flog aus dem Süden heran.

野禽成群结队，从南方飞来。

Von jedem Hügel ertönte die Musik verborgener, rauschender Bäche.

每座山坡上都传来隐秘的、奔腾的溪水的音乐。

Alles taute auf, brach, bog sich und geriet wieder in Bewegung.

一切事物都解冻、断裂、弯曲，然后重新开始运动。

Der Yukon bemühte sich, die Kälteketten des gefrorenen Eises zu durchbrechen.

育空河竭尽全力挣脱冰冻冰层的束缚。

Das Eis schmolz von unten, während die Sonne es von oben zum Schmelzen brachte.

冰在下面融化，而太阳从上面融化它。

Luftlöcher öffneten sich, Risse breiteten sich aus und Brocken fielen in den Fluss.

气孔打开，裂缝扩大，大块碎石掉入河中。

Inmitten dieses pulsierenden und lodernden Lebens taumelten die Reisenden.

在这片生机勃勃、绚烂夺目的生命中，旅人们步履蹒跚。

Zwei Männer, eine Frau und ein Rudel Huskys liefen wie die Toten.

两个男人、一个女人和一群哈士奇像死人一样行走。

Die Hunde fielen, Mercedes weinte, fuhr aber immer noch Schlitten.

狗不断摔倒，梅赛德斯哭了，但仍然骑着雪橇。

Hal fluchte schwach und Charles blinzelte mit tränenden Augen.

哈尔无力地咒骂了一句，查尔斯则眨着泪眼。

Sie stolperten in John Thorntons Lager an der Mündung des White River.

他们跌跌撞撞地闯入了怀特河河口附近的约翰·桑顿的营地。

Als sie anhielten, fielen die Hunde flach um, als wären sie alle tot.

当他们停下来时，狗就倒下了，好像全部死了一样。

Mercedes wischte sich die Tränen ab und sah zu John Thornton hinüber.

梅赛德斯擦干眼泪，看着约翰·桑顿。

Charles saß langsam und steif auf einem Baumstamm, mit Schmerzen vom Weg.

查尔斯坐在一根圆木上，动作缓慢而僵硬，因为走了这么远的路而感到疼痛。

Hal redete, während Thornton das Ende eines Axtstiels schnitzte.

当桑顿雕刻斧柄末端时，哈尔负责讲话。

Er schnitzte Birkenholz und antwortete mit kurzen, bestimmten Antworten.

他削着桦木，并给出了简短而坚定的回答。

Wenn man ihn fragte, gab er Ratschläge, war sich jedoch sicher, dass diese nicht befolgt würden.

当被问及时，他给出了建议，但肯定不会被采纳。

Hal erklärte: „Sie sagten uns, dass das Eis auf dem Weg schmelzen würde."

哈尔解释说："他们告诉我们，路上的冰正在融化"

„Sie sagten, wir sollten bleiben, wo wir waren – aber wir haben es bis nach White River geschafft."

"他们说我们应该留在原地——

但我们还是到达了白河。"

Er schloss mit höhnischem Ton, als wolle er einen Sieg in der Not für sich beanspruchen.

他最后用一种嘲讽的语气说道，仿佛在宣告苦难中的胜利。

„Und sie haben dir die Wahrheit gesagt", antwortete John Thornton Hal ruhig.

"他们告诉你的是真的，"约翰·桑顿平静地回答哈尔。

„Das Eis kann jeden Moment nachgeben – es ist kurz davor, abzufallen."

"冰随时可能崩塌——它随时都会掉下来。"

„Nur durch blindes Glück und ein paar Narren wäre es möglich gewesen, lebend so weit zu kommen."

"只有盲目的运气和傻瓜才能活着走到今天。"

„Ich sage es Ihnen ganz offen: Ich würde mein Leben nicht für alles Gold Alaskas riskieren."

"我实话告诉你，我不会为了阿拉斯加的所有黄金而冒生命危险。"

„Das liegt wohl daran, dass Sie kein Narr sind", antwortete Hal.

"我想那是因为你不是傻瓜，"哈尔回答道。

„Trotzdem fahren wir weiter nach Dawson." Er rollte seine Peitsche ab.

"不管怎样，我们还是要去道森。"他解开了鞭子。

„Komm rauf, Buck! Hallo! Steh auf! Los!", rief er barsch.

"快上来，巴克！嗨！起来！快！" 他厉声喊道。

Thornton schnitzte weiter, wohl wissend, dass Narren nicht auf Vernunft hören.

桑顿继续削木头，他知道傻瓜不会听道理。

Einen Narren aufzuhalten war sinnlos – und zwei oder drei Narren änderten nichts.

阻止一个傻瓜是徒劳的——

两三个傻瓜被骗也改变不了什么。

Doch als das Team Hal's Befehl hörte, bewegte es sich nicht.

但听到哈尔的命令，队伍却没有动。

Jetzt konnten sie nur noch durch Schläge wieder auf die Beine kommen und weiterkommen.

现在，只有打击才能让他们站起来并向前迈进。

Immer wieder knallte die Peitsche über die geschwächten Hunde.

鞭子一次又一次地抽打着那些虚弱的狗。

John Thornton presste die Lippen fest zusammen und sah schweigend zu.

约翰·桑顿紧闭双唇，默默地看着。

Solleks war der Erste, der unter der Peitsche auf die Beine kam.

索莱克斯第一个在鞭子下爬起来。

Dann folgte Teek zitternd. Joe schrie auf, als er stolperte.

蒂克也跟着他，浑身颤抖。乔踉跄着爬起来，发出一声尖叫。

Pike versuchte aufzustehen, scheiterte zweimal und stand schließlich unsicher da.

派克尝试站起来，失败了两次，最后摇摇晃晃地站了起来。

Aber Buck blieb liegen, wo er hingefallen war, und bewegte sich dieses Mal überhaupt nicht.

但巴克躺在倒下的地方，一动不动。

Die Peitsche schlug immer wieder auf ihn ein, aber er gab keinen Laut von sich.

鞭子一遍遍地抽打着他，但他却没有发出任何声音。

Er zuckte nicht zusammen und wehrte sich nicht, sondern blieb einfach still und ruhig.

他没有退缩或反抗，只是保持静止和安静。

Thornton rührte sich mehr als einmal, als wolle er etwas sagen, tat es aber nicht.

桑顿动了好几次，似乎想说话，但又没有说。

Seine Augen wurden feucht und immer noch knallte die Peitsche gegen Buck.

他的眼睛湿润了，但鞭子仍然抽打着巴克。

Schließlich begann Thornton langsam auf und ab zu gehen, unsicher, was er tun sollte.

最后，桑顿开始慢慢地踱步，不知道该做什么。

Es war das erste Mal, dass Buck versagt hatte, und Hal wurde wütend.

这是巴克第一次失败，哈尔非常愤怒。

Er warf die Peitsche weg und nahm stattdessen die schwere Keule.

他扔掉鞭子，拿起沉重的棍棒。

Der Holzknüppel schlug hart auf, aber Buck stand immer noch nicht auf, um sich zu bewegen.

木棍重重地砸了下来，但巴克仍然没有起身动弹。

Wie seine Teamkollegen war er zu schwach – aber mehr als das.

和他的队友一样，他太弱了——但还不止于此。

Buck hatte beschlossen, sich nicht zu bewegen, egal was als Nächstes passieren würde.

巴克决定不管接下来发生什么，都不动。

Er spürte, wie etwas Dunkles und Bestimmtes direkt vor ihm schwebte.

他感觉到前方有某种黑暗而确定的东西在徘徊。

Diese Angst hatte ihn ergriffen, sobald er das Flussufer erreicht hatte.

他一到达河岸就感到恐惧。

Dieses Gefühl hatte ihn nicht verlassen, seit er das Eis unter seinen Pfoten dünner werden fühlte.

自从他感觉到爪子下的冰变薄以来，这种感觉就一直没有消失。

Etwas Schreckliches wartete – er spürte es gleich weiter unten auf dem Weg.

某种可怕的事情正在等待着他——

他感觉到它就在小路的尽头。

Er würde nicht auf das Schreckliche vor ihm zugehen

他不会走向前面那个可怕的东西

Er würde keinem Befehl gehorchen, der ihn zu diesem Ding führte.

他不会服从任何带他去做那件事的命令。

Der Schmerz der Schläge war für ihn kaum noch spürbar, er war zu weit weg.

现在他几乎感觉不到打击的痛苦了——

他已经筋疲力尽了。

Der Funke des Lebens flackerte schwach und erlosch unter jedem grausamen Schlag.

生命的火花在每一次残酷的打击下都摇曳不定，变得暗淡。

Seine Glieder fühlten sich fremd an, sein ganzer Körper schien einem anderen zu gehören.

他的四肢感觉很遥远；他的整个身体似乎属于另一个人。

Er spürte eine seltsame Taubheit, als der Schmerz vollständig nachließ.

当疼痛完全消失时，他感到一种奇怪的麻木感。

Aus der Ferne spürte er, dass er geschlagen wurde, aber er wusste es kaum.

从很远的地方，他就感觉到自己被打败了，但几乎不知道。

Er konnte die Schläge schwach hören, aber sie taten nicht mehr wirklich weh.

他能隐隐听到砰砰的声音，但已经不再感到疼痛了。

Die Schläge trafen, aber sein Körper schien nicht mehr sein eigener zu sein.

打击仍在，但他的身体似乎不再是他自己的了。

Dann stieß John Thornton plötzlich und ohne Vorwarnung einen wilden Schrei aus.

突然，没有任何预兆，约翰·桑顿发出一声狂野的叫喊。

Es war unartikuliert, eher der Schrei eines Tieres als eines Menschen.

它的声音含糊不清，与其说是人的叫声，不如说是野兽的叫声。

Er sprang mit der Keule auf den Mann zu und stieß Hal nach hinten.

他向手持棍棒的男子扑去，并将哈尔击退。

Hal flog, als wäre er von einem Baum getroffen worden, und landete hart auf dem Boden.

哈尔像被树击中一样飞了出去，重重地摔在地上。

Mercedes schrie laut vor Panik und umklammerte ihr Gesicht.

梅赛德斯惊慌地大声尖叫并捂住自己的脸。

Charles sah nur zu, wischte sich die Augen und blieb sitzen.

查尔斯只是看着，擦了擦眼睛，然后坐着。

Sein Körper war vor Schmerzen zu steif, um aufzustehen oder beim Kampf mitzuhelfen.

他的身体因疼痛而僵硬，无法站起来或参与战斗。

Thornton stand über Buck, zitterte vor Wut und konnte nicht sprechen.

桑顿站在巴克身边，气得浑身发抖，说不出话来。

Er zitterte vor Wut und kämpfte darum, trotz allem seine Stimme wiederzufinden.

他愤怒得浑身发抖，努力发出自己的声音。

„Wenn du den Hund noch einmal schlägst, bringe ich dich um", sagte er schließlich.

"如果你再打那条狗，我就杀了你，" 他最后说道。

Hal wischte sich das Blut aus dem Mund und kam wieder nach vorne.

哈尔擦掉嘴上的血，再次走上前来。

„Es ist mein Hund", murmelte er. „Geh mir aus dem Weg, sonst kriege ich dich wieder in Ordnung."

"这是我的狗，"他低声说道，"走开，不然我就揍你。"

„Ich gehe nach Dawson und Sie halten mich nicht auf", fügte er hinzu.

"我要去道森，你别阻止我，"他补充道。

Thornton stand fest zwischen Buck und dem wütenden jungen Mann.

桑顿坚定地站在巴克和愤怒的年轻人之间。

Er hatte nicht die Absicht, zur Seite zu treten oder Hal vorbeizulassen.

他没有让开或让哈尔过去的意思。

Hal zog sein Jagdmesser heraus, das lang und gefährlich in der Hand lag.

哈尔拔出手中那把又长又危险的猎刀。

Mercedes schrie, dann weinte sie und lachte dann in wilder Hysterie.

梅赛德斯尖叫起来，然后哭泣，最后歇斯底里地大笑起来。

Thornton schlug mit dem Axtstiel hart und schnell auf Hals Hand.

桑顿用斧头柄猛烈而快速地击打哈尔的手。

Das Messer wurde aus Hals Griff gerissen und flog zu Boden.

刀从哈尔手中脱落，飞落到地上。

Hal versuchte, das Messer aufzuheben, und Thornton klopfte erneut auf seine Fingerknöchel.

哈尔试图拿起刀，桑顿再次敲击他的指关节。

Dann bückte sich Thornton, griff nach dem Messer und hielt es fest.

然后桑顿弯下腰，抓起刀，握住它。

Mit zwei schnellen Hieben des Axtstiels zerschnitt er Bucks Zügel.

他用斧柄快速砍了两下，砍断了巴克的缰绳。

Hal hatte keine Kraft mehr, sich zu wehren, und trat von dem Hund zurück.

哈尔再也没有抵抗的迹象，他从狗身边退了回去。

Außerdem brauchte Mercedes jetzt beide Arme, um aufrecht zu bleiben.

此外，梅赛德斯现在需要双臂来保持直立。

Buck war dem Tod zu nahe, um noch einmal einen Schlitten ziehen zu können.

巴克已经濒临死亡，无法再拉雪橇了。

Ein paar Minuten später legten sie ab und fuhren flussabwärts.

几分钟后，他们起航，顺流而下。

Buck hob schwach den Kopf und sah ihnen nach, wie sie die Bank verließen.

巴克无力地抬起头，目送他们离开银行。

Pike führte das Team an, mit Solleks am Ende des Feldes.

派克（Pike）带领团队，索莱克斯（Solleks）则在队伍后方担任方向盘手。

Joe und Teek gingen dazwischen, beide humpelten vor Erschöpfung.

乔和蒂克走在中间，两人都因疲惫而一瘸一拐。

Mercedes saß auf dem Schlitten und Hal hielt die lange Lenkstange fest.

梅赛德斯坐在雪橇上，哈尔则紧握着长长的北极熊杆

Charles stolperte hinterher, seine Schritte waren unbeholfen und unsicher.

查尔斯跌跌撞撞地跟在后面，脚步笨拙而蹒跚。

Thornton kniete neben Buck und tastete vorsichtig nach gebrochenen Knochen.

桑顿跪在巴克身边，轻轻地摸索着他断裂的骨头。

Seine Hände waren rau, bewegten sich aber mit Freundlichkeit und Sorgfalt.

他的双手粗糙，却充满善良和关怀。

Bucks Körper wies Blutergüsse auf, wies jedoch keine
bleibenden Verletzungen auf.
巴克的身体受了伤，但没有留下永久的伤痕。

Zurück blieben schrecklicher Hunger und nahezu völlige
Schwäche.
剩下的只有极度的饥饿和近乎完全的虚弱。

Als dies klar wurde, war der Schlitten bereits weit
flussabwärts gefahren.
等到一切明朗起来时，雪橇已经顺着河流走了很远。

Mann und Hund sahen zu, wie der Schlitten langsam über
das knackende Eis kroch.
男人和狗看着雪橇慢慢地爬过龟裂的冰面。

Dann sahen sie, wie der Schlitten in eine Mulde sank.
然后，他们看到雪橇陷入了一个凹陷中。

Die Gee-Stange flog in die Höhe, und Hal klammerte sich
immer noch vergeblich daran fest.
导航杆飞了起来，哈尔仍然徒劳地抓住它。

Mercedes' Schrei erreichte sie über die kalte Ferne.
梅赛德斯的尖叫声穿过寒冷的距离传到了他们耳中。

Charles drehte sich um und trat zurück – aber er war zu spät.
查尔斯转身向后退——但是已经太迟了。

Eine ganze Eisdecke brach nach und sie alle fielen hindurch.
整个冰盖崩塌了，他们都掉了下去。

Hunde, Schlitten und Menschen verschwanden im
schwarzen Wasser darunter.
狗、雪橇和人们都消失在下面的黑色水中。

An der Stelle, an der sie vorbeigekommen waren, war nur
ein breites Loch im Eis zurückgeblieben.
他们经过的地方，冰面上只留下了一个大洞。

Der Boden des Pfades war nach unten abgesunken – genau
wie Thornton gewarnt hatte.
正如桑顿警告的那样，小路的底部已经塌陷。

Thornton und Buck sahen sich einen Moment lang
schweigend an.

桑顿和巴克互相看了一眼，沉默了一会儿。

„Du armer Teufel", sagte Thornton leise und Buck leckte ihm die Hand.

"你这个可怜的家伙，"桑顿轻声说道，巴克舔了舔他的手。

Aus Liebe zu einem Mann
为了男人的爱

John Thornton erfror in der Kälte des vergangenen Dezembers seine Füße.

去年 12 月的寒冷让约翰·桑顿的脚冻伤了。

Seine Partner machten es ihm bequem und ließen ihn allein genesen.

他的伙伴们让他感到舒适并让他独自康复。

Sie fuhren den Fluss hinauf, um ein Floß mit Sägestämmen für Dawson zu holen.

他们沿河而上，为道森收集了一筏锯木。

Er humpelte noch leicht, als er Buck vor dem Tod rettete.

当他把巴克从死亡线上救回来时，他仍然有些跛行。

Aber bei anhaltend warmem Wetter verschwand sogar dieses Hinken.

但随着天气持续变暖，连那种跛行也消失了。

Buck ruhte sich an langen Frühlingstagen am Flussufer aus.

漫长的春日里，巴克躺在河岸边休息。

Er beobachtete das fließende Wasser und lauschte den Vögeln und Insekten.

他看着流水，聆听鸟鸣虫叫。

Langsam erlangte Buck unter Sonne und Himmel seine Kraft zurück.

在阳光和天空的照耀下，巴克慢慢地恢复了体力。

Nach einer Reise von dreitausend Meilen war eine Pause ein wunderbares Gefühl.

旅途三千里之后，休息一下感觉真好。

Buck wurde träge, als seine Wunden heilten und sein Körper an Gewicht zunahm.

随着伤口的愈合和身体的长大，巴克变得懒惰起来。

Seine Muskeln wurden fester und das Fleisch bedeckte wieder seine Knochen.

他的肌肉变得结实，血肉重新覆盖住他的骨头。

Sie ruhten sich alle aus – Buck, Thornton, Skeet und Nig.

他们都在休息——巴克、桑顿、斯基特和尼格。

Sie warteten auf das Floß, das sie nach Dawson bringen sollte.

他们等待着载他们去道森的木筏。

Skeet war ein kleiner Irish Setter, der sich mit Buck anfreundete.

斯基特是一只小爱尔兰塞特犬，它和巴克是好朋友。

Buck war zu schwach und krank, um ihr bei ihrem ersten Treffen Widerstand zu leisten.

第一次见面时，巴克因身体虚弱、病情严重而无法拒绝她。

Skeet hatte die Heilereigenschaft, die manche Hunde von Natur aus besitzen.

斯基特具有某些狗天生具有的治疗特质。

Wie eine Katzenmutter leckte und reinigte sie Bucks offene Wunden.

就像一只母猫一样，她舔舐并清理巴克的伤口。

Jeden Morgen nach dem Frühstück wiederholte sie ihre sorgfältige Arbeit.

每天早晨吃完早餐后，她又重复着细致的工作。

Buck erwartete ihre Hilfe ebenso sehr wie die von Thornton.

巴克开始期待她的帮助，就像他期待桑顿的帮助一样

Nig war auch freundlich, aber weniger offen und weniger liebevoll.

Nig 也很友好，但不太开放，也不太热情。

Nig war ein großer schwarzer Hund, halb Bluthund, halb Hirschhund.

尼格是一只大黑狗，一半是猎犬，一半是猎鹿犬。

Er hatte lachende Augen und eine unendlich gute Seele.

他有着爱笑的眼睛和无尽的善良。

Zu Bucks Überraschung zeigte keiner der Hunde Eifersucht ihm gegenüber.

令巴克惊讶的是，两只狗都没有对他表现出嫉妒。

Sowohl Skeet als auch Nig erfuhren die Freundlichkeit von John Thornton.

Skeet 和 Nig 都秉承了 John Thornton 的善良。

Als Buck stärker wurde, verleiteten sie ihn zu albernen Hundespielen.

随着巴克变得越来越强壮，他们引诱他参与愚蠢的狗游戏。

Auch Thornton spielte oft mit ihnen und konnte ihrer Freude nicht widerstehen.

桑顿也经常和它们一起玩耍，无法抗拒它们的快乐。

Auf diese spielerische Weise gelang Buck der Übergang von der Krankheit in ein neues Leben.

巴克就这样嬉戏的方式从病痛中走向了新生。

Endlich hatte er Liebe gefunden – wahre, brennende und leidenschaftliche Liebe.

他终于得到了爱情——真挚、炽热、热烈的爱情。

Auf Millers Anwesen hatte er diese Art von Liebe nie erlebt.

他在米勒的庄园里从未感受到过这种爱。

Mit den Söhnen des Richters hatte er Arbeit und Abenteuer geteilt.

他与法官的儿子们一起工作、一起冒险。

Bei den Enkeln sah er steifen und prahlerischen Stolz.

在这些孙子身上，他看到了僵硬而自负的骄傲。

Mit Richter Miller selbst verband ihn eine respektvolle Freundschaft.

他与米勒法官本人保持着令人尊敬的友谊。

Doch mit Thornton kam eine Liebe, die Feuer, Wahnsinn und Anbetung war.

但桑顿却对爱情充满了热情、疯狂和崇拜。

Dieser Mann hatte Bucks Leben gerettet, und das allein bedeutete sehr viel.

这个人救了巴克的命，仅此一点就意义重大。

Aber darüber hinaus war John Thornton der ideale Meistertyp.

但更重要的是，约翰·桑顿是一位理想的大师。

Andere Männer kümmerten sich aus Pflichtgefühl oder geschäftlicher Notwendigkeit um Hunde.

其他人则出于职责或业务需要而照顾狗。

John Thornton kümmerte sich um seine Hunde, als wären sie seine Kinder.

约翰·桑顿照顾他的狗就像照顾自己的孩子一样。

Er kümmerte sich um sie, weil er sie liebte und einfach nicht anders konnte.

他关心他们，因为他爱他们，而且他根本就无法控制自己。

John Thornton sah sogar weiter, als die meisten Menschen jemals sehen konnten.

约翰·桑顿的眼光比大多数人看得更远。

Er vergaß nie, sie freundlich zu grüßen oder ein aufmunterndes Wort zu sagen.

他从不忘记热情地问候他们，或者说一句鼓励的话。

Er liebte es, mit den Hunden zusammenzusitzen und lange zu reden, oder, wie er sagte, „gasy".

他喜欢和狗坐在一起长谈，或者用他的话说，"聊聊天"。

Er packte Bucks Kopf gern grob zwischen seinen starken Händen.

他喜欢用强壮的手粗鲁地抓住巴克的头。

Dann lehnte er seinen Kopf an Bucks und schüttelte ihn sanft.

然后他把自己的头靠在巴克的头上，轻轻地摇晃着他。

Die ganze Zeit über beschimpfte er Buck mit unhöflichen Namen, die für ihn Liebe bedeuteten.

他一直用粗鲁的名字辱骂巴克，但对巴克来说，这其实是爱。

Buck bereiteten diese grobe Umarmung und diese Worte große Freude.

对于巴克来说，那个粗暴的拥抱和那些话语给他带来了深深的快乐。

Sein Herz schien bei jeder Bewegung vor Glück zu beben.

他的每一个动作都让他的心快乐得仿佛要跳起来。

Als er anschließend aufsprang, sah sein Mund aus, als würde er lachen.

当他随后跳起来时，他的嘴看起来像是在笑。

Seine Augen leuchteten hell und seine Kehle zitterte vor unausgesprochener Freude.

他的眼睛闪闪发光，喉咙因无言的喜悦而颤抖。

Sein Lächeln blieb in diesem Zustand der Ergriffenheit und glühenden Zuneigung stehen.

在那种激动和炽热的爱意中，他的笑容静止不动。

Dann rief Thornton nachdenklich aus: „Gott! Er kann fast sprechen!"

然后桑顿若有所思地惊呼道："天哪！他几乎能说话了！"

Buck hatte eine seltsame Art, Liebe auszudrücken, die beinahe Schmerzen verursachte.

巴克表达爱的方式很奇怪，几乎会造成痛苦。

Er umklammerte Thorntons Hand oft sehr fest mit seinen Zähnen.

他经常用牙齿紧紧咬住桑顿的手。

Der Biss würde tiefe Spuren hinterlassen, die noch einige Zeit blieben.

咬伤会留下深深的痕迹，并且会持续一段时间。

Buck glaubte, dass diese Eide Liebe waren, und Thornton wusste das auch.

巴克相信这些誓言就是爱，桑顿也这么认为。

Meistens zeigte sich Bucks Liebe in stiller, fast stummer Verehrung.

大多数时候，巴克的爱表现为安静，几乎无声的崇拜

Obwohl er sich freute, wenn man ihn berührte oder ansprach, suchte er nicht nach Aufmerksamkeit.

尽管当被触摸或被说话时他很兴奋，但他并不寻求关注。

Skeet schob ihre Nase unter Thorntons Hand, bis er sie streichelte.

斯基特用鼻子轻轻推着桑顿的手，直到他抚摸她。

Nig kam leise herbei und legte seinen großen Kopf auf Thorntons Knie.

尼格静静地走上前去，将他的大脑袋靠在桑顿的膝盖上。

Buck hingegen war zufrieden damit, aus respektvoller Distanz zu lieben.

相比之下，巴克满足于保持距离去爱。

Er lag stundenlang zu Thorntons Füßen, wachsam und aufmerksam beobachtend.

他连续几个小时躺在桑顿的脚边，保持警惕并密切观察。

Buck studierte jedes Detail des Gesichts seines Herrn und jede kleinste Bewegung.

巴克仔细观察主人脸上的每一个细节和最细微的动作。

Oder er blieb weiter weg liegen und betrachtete schweigend die Gestalt des Mannes.

或者躺在更远的地方，默默地观察着那个男人的身影。

Buck beobachtete jede kleine Bewegung, jede Veränderung seiner Haltung oder Geste.

巴克观察着每一个细微的动作、每一个姿势或手势的变化。

Diese Verbindung war so stark, dass sie Thorntons Blick oft auf sich zog.

这种联系如此强大，常常吸引桑顿的目光。

Er begegnete Bucks Blick ohne Worte, Liebe schimmerte deutlich hindurch.

他无言地看着巴克的眼睛，眼中却闪耀着爱意。

Nach seiner Rettung ließ Buck Thornton lange Zeit nicht aus den Augen.

获救后很长一段时间，巴克都没有让桑顿离开他的视线。

Immer wenn Thornton das Zelt verließ, folgte Buck ihm dicht auf den Fersen.

每当桑顿离开帐篷时，巴克都会紧紧跟随他出去。

All die strengen Herren im Nordland hatten Buck Angst gemacht, zu vertrauen.

北国所有严酷的主人都让巴克不敢相信。

Er befürchtete, dass kein Mann länger als kurze Zeit sein Herr bleiben könnte.

他担心没有人能够长期担任他的主人。

Er befürchtete, dass John Thornton wie Perrault und François verschwinden würde.

他担心约翰·桑顿会像佩罗和弗朗索瓦一样消失。

Sogar nachts quälte die Angst, ihn zu verlieren, Buck mit unruhigem Schlaf.

甚至在晚上，失去他的恐惧仍然困扰着巴克不安的睡眠。

Als Buck aufwachte, kroch er in die Kälte hinaus und ging zum Zelt.

巴克醒来后，便蹑手蹑脚地走进寒冷的帐篷。

Er lauschte aufmerksam auf das leise Geräusch des Atmens in seinem Inneren.

他仔细聆听里面轻微的呼吸声。

Trotz Bucks tiefer Liebe zu John Thornton blieb die Wildnis am Leben.

尽管巴克深爱着约翰·桑顿，但荒野依然存在。

Dieser im Norden erwachte primitive Instinkt ist nicht verschwunden.

在北方被唤醒的原始本能并没有消失。

Liebe brachte Hingabe, Treue und die warme Verbundenheit des Kaminfeuers.

爱情带来奉献、忠诚和炉边的温暖纽带。

Aber Buck behielt auch seine wilden Instinkte, scharf und stets wachsam.

但巴克也保留着他的野性本能，敏锐而警惕。

Er war nicht nur ein gezähmtes Haustier aus den sanften Ländern der Zivilisation.

他不仅仅是一只来自文明柔软土地的驯服宠物。

Buck war ein wildes Wesen, das hereingekommen war, um an Thorntons Feuer zu sitzen.

巴克是个野人，他来到桑顿的火堆旁坐着。

Er sah aus wie ein Südlandhund, aber in ihm lebte Wildheit.

他看上去像一条南国狗，但内心却充满野性。

Seine Liebe zu Thornton war zu groß, um zuzulassen, dass er den Mann bestohlen hätte.

他对桑顿的爱太深了，他不允许桑顿偷窃他的东西。

Aber in jedem anderen Lager würde er dreist und ohne Pause stehlen.

但在任何其他营地，他都会大胆地、毫不犹豫地偷窃。

Er war beim Stehlen so geschickt, dass ihn niemand erwischen oder beschuldigen konnte.

他偷窃非常聪明，所以没有人能抓住他或指控他。

Sein Gesicht und sein Körper waren mit Narben aus vielen vergangenen Kämpfen übersät.

他的脸上和身上布满了过去多次战斗留下的伤疤。

Buck kämpfte immer noch erbittert, aber jetzt kämpfte er mit mehr List.

巴克的战斗依然凶猛，但现在他的战斗更加狡猾。

Skeet und Nig waren zu sanft, um zu kämpfen, und sie gehörten Thornton.

Skeet 和 Nig 性格太温和，不适合打架，而且他们是 Thornton 的。

Aber jeder fremde Hund, egal wie stark oder mutig, wich zurück.

但任何陌生的狗，无论多么强壮或勇敢，都会屈服。

Ansonsten kämpfte der Hund gegen Buck und um sein Leben.

否则，这只狗就会发现自己正在与巴克搏斗；为自己的生命而战。

Buck kannte keine Gnade, wenn er sich entschied, gegen einen anderen Hund zu kämpfen.

一旦巴克选择与另一只狗打架，它就不会留情面。

Er hatte das Gesetz der Keule und des Reißzahns im Nordland gut gelernt.

他在北国已经很好地学会了棍棒和尖牙的法则。

Er gab nie einen Vorteil auf und wich nie einer Schlacht aus.

他从不放弃优势，也从不退缩。

Er hatte Spitz und die wildesten Post- und Polizeihunde studiert.

他研究过斯皮茨犬以及最凶猛的邮犬和警犬。

Er wusste genau, dass es im wilden Kampf keinen Mittelweg gab.

他很清楚，野外战斗中没有中间地带。

Er musste herrschen oder beherrscht werden; Gnade zu zeigen, hieße, Schwäche zu zeigen.

他必须统治，否则就被统治；表现出仁慈就意味着表现出软弱。

In der rauen und brutalen Welt des Überlebens kannte man keine Gnade.

在残酷而原始的生存世界中，仁慈是不存在的。

Gnade zu zeigen wurde als Angst angesehen und Angst führte schnell zum Tod.

表现出仁慈会被视为恐惧，而恐惧很快就会导致死亡

Das alte Gesetz war einfach: töten oder getötet werden, essen oder gefressen werden.

旧法律很简单：杀或被杀，吃或被吃。

Dieses Gesetz stammte aus längst vergangenen Zeiten und Buck befolgte es vollständig.

这条法则源自时间的深处，而巴克也完全遵循了它。

Buck war älter als sein Alter und die Anzahl seiner Atemzüge.

巴克的年龄比他的实际年龄和呼吸次数要大。

Er verband die ferne Vergangenheit klar mit der Gegenwart.

他将古老的过去与现在清晰地联系在一起。

Die tiefen Rhythmen der Zeitalter bewegten sich durch ihn wie die Gezeiten.

时代的深沉韵律如同潮水般涌过他的心头。

Die Zeit pulsierte in seinem Blut so sicher, wie die Jahreszeiten die Erde bewegen.

时间在他的血液中跳动，就如季节在地球上移动一样。

Er saß mit starker Brust und weißen Reißzähnen an Thorntons Feuer.

他坐在桑顿的火堆旁，胸膛强健，牙齿洁白。

Sein langes Fell wehte, aber hinter ihm beobachteten ihn die Geister wilder Hunde.

他的长毛飘扬，但在他身后，野狗的灵魂注视着他。

Halbwölfe und Vollwölfe regten sich in seinem Herzen und seinen Sinnen.

半狼与全狼在他的内心和感官中激荡。

Sie probierten sein Fleisch und tranken dasselbe Wasser wie er.

他们尝了他的肉，喝了和他一样的水。

Sie schnupperten neben ihm den Wind und lauschten dem Wald.

他们和他一起嗅着风的气息，聆听着森林的声音。

Sie flüsterten die Bedeutung der wilden Geräusche in der Dunkelheit.

他们在黑暗中低声诉说着野外声音的含义。

Sie prägten seine Stimmungen und leiteten jede seiner stillen Reaktionen.

它们塑造了他的情绪并引导他的每一个安静的反应。

Sie lagen bei ihm, während er schlief, und wurden Teil seiner tiefen Träume.

它们在他睡觉时陪伴着他，成为他深梦的一部分。

Sie träumten mit ihm, über ihn hinaus und bildeten seinen Geist.

他们与他一起做梦，超越他，构成了他的精神。

Die Geister der Wildnis riefen so stark, dass Buck sich hingezogen fühlte.

野性之灵的召唤如此强烈，巴克感觉自己被拉扯着。

Mit jedem Tag wurden die Menschheit und ihre Ansprüche in Bucks Herzen schwächer.

在巴克的心里，人类和人类的诉求一天天变得越来越薄弱。

Tief im Wald würde ein seltsamer und aufregender Ruf erklingen.

森林深处，一阵诡异而又惊心动魄的呼唤即将响起。

Jedes Mal, wenn er den Ruf hörte, verspürte Buck einen Drang, dem er nicht widerstehen konnte.

每次听到这个呼唤，巴克就会感到一种无法抗拒的冲动。

Er wollte sich vom Feuer und den ausgetretenen menschlichen Pfaden abwenden.

他要远离火海，远离人间的道路。

Er wollte in den Wald eintauchen und weitergehen, ohne zu wissen, warum.

他就要冲进森林，不知道为什么就向前走去。

Er hinterfragte diese Anziehungskraft nicht, denn der Ruf war tief und kraftvoll.

他没有质疑这种吸引力，因为这种吸引力深沉而强大。

Oft erreichte er den grünen Schatten und die weiche, unberührte Erde

他常常到达绿荫和柔软的、未被触及的土地

Doch dann zog ihn die große Liebe zu John Thornton zurück zum Feuer.

但随后对约翰·桑顿的强烈爱意又把他拉回到了火堆旁。

Nur John Thornton hatte Bucks wildes Herz wirklich in seiner Gewalt.

只有约翰·桑顿真正掌握了巴克狂野的心。

Der Rest der Menschheit hatte für Buck keinen bleibenden Wert oder keine bleibende Bedeutung.

其余人类对巴克来说没有任何持久的价值或意义。

Fremde könnten ihn loben oder ihm mit freundlichen Händen über das Fell streicheln.

陌生人可能会称赞他或用友好的手抚摸他的皮毛。

Buck blieb ungerührt und ging vor lauter Zuneigung davon.

巴克不为所动，因受到过多的爱抚而走开了。

Hans und Pete kamen mit dem lange erwarteten Floß

汉斯和皮特带着期待已久的木筏来了

Buck ignorierte sie, bis er erfuhr, dass sie sich in der Nähe von Thornton befanden.

巴克一直没有理会他们，直到他得知他们离桑顿很近

Danach tolerierte er sie, zeigte ihnen jedoch nie seine volle Zuneigung.

此后，他容忍了他们，但从未向他们表现出完全的热情。

Er nahm Essen oder Freundlichkeiten von ihnen an, als täte er ihnen einen Gefallen.

他接受他们的食物或善意，就好像在给他们做一件好事一样。

Sie waren wie Thornton – einfach, ehrlich und klar im Denken.

他们就像桑顿一样——单纯、诚实、思维清晰。

Gemeinsam reisten sie zu Dawsons Sägewerk und dem großen Wirbel

他们一起去了道森的锯木厂和大漩涡

Auf ihrer Reise lernten sie Bucks Wesen tiefgründig kennen.

在旅途中，他们深刻理解了巴克的本性。

Sie versuchten nicht, sich näherzukommen, wie es Skeet und Nig getan hatten.

他们并没有像 Skeet 和 Nig 那样试图变得亲密。

Doch Bucks Liebe zu John Thornton wurde mit der Zeit immer stärker.

但巴克对约翰·桑顿的爱随着时间的推移而加深。

Nur Thornton könnte Buck im Sommer eine Last auf die Schultern laden.

只有桑顿能够在夏天把背包放在巴克的背上。

Was auch immer Thornton befahl, Buck war bereit, es uneingeschränkt zu tun.

无论桑顿命令什么，巴克都愿意完全执行。

Eines Tages, nachdem sie Dawson in Richtung der Quellgewässer des Tanana verlassen hatten,

有一天，他们离开道森前往塔纳纳河源头后，

die Gruppe saß auf einer Klippe, die dreihundert Fuß bis zum nackten Fels abfiel.

这群人坐在一处悬崖上，悬崖下三英尺，露出裸露的基岩。

John Thornton saß nahe der Kante und Buck ruhte sich neben ihm aus.

约翰·桑顿坐在边缘附近，巴克在他旁边休息。

Thornton hatte plötzlich eine Idee und rief die Männer auf sich aufmerksam.

桑顿突然想到一个主意，并引起了人们的注意。

Er deutete über den Abgrund und gab Buck einen einzigen Befehl.

他指着峡谷对面，向巴克发出了一个简单的命令。

„Spring, Buck!", sagte er und schwang seinen Arm über den Abgrund.

"跳，巴克！"他一边说，一边把手臂挥向悬崖。

Einen Moment später musste er Buck packen, der sofort lossprang, um zu gehorchen.

一会儿，他必须抓住巴克，巴克正跳起来服从命令。

Hans und Pete eilten nach vorne und zogen beide in Sicherheit.

汉斯和皮特冲上前去，把两人拉回了安全地带。

Nachdem alles vorbei war und sie wieder zu Atem gekommen waren, ergriff Pete das Wort.

一切结束后，他们都松了一口气，皮特开口说话了。

„Die Liebe ist unheimlich", sagte er, erschüttert von der wilden Hingabe des Hundes.

"这种爱太不可思议了，" 他说道，这只狗的强烈忠诚让他很感动。

Thornton schüttelte den Kopf und antwortete mit ruhiger Ernsthaftigkeit.

桑顿摇摇头，平静而严肃地回答道。

„Nein, die Liebe ist großartig", sagte er, „aber auch schrecklich."

"不，爱情很美好，" 他说，"但也很可怕。"

„Manchmal, das muss ich zugeben, macht mir diese Art von Liebe Angst."

"有时候，我必须承认，这种爱让我害怕。"

Pete nickte und sagte: „Ich möchte nicht der Mann sein, der dich berührt."

皮特点点头，说道："我可不想成为那个碰你的人。"

Er sah Buck beim Sprechen ernst und voller Respekt an.

他说话时看着巴克，严肃而充满敬意。

„Py Jingo!", sagte Hans schnell. „Ich auch nicht, nein, Sir."

"Py Jingo！" 汉斯赶紧说道，"我也是，不，先生。"

Noch vor Jahresende wurden Petes Befürchtungen in Circle City wahr.

年底之前，皮特的担忧在 Circle City 变成了现实。

Ein grausamer Mann namens Black Burton hat in der Bar eine Schlägerei angezettelt.

一个名叫布莱克·伯顿的残忍男人在酒吧里挑起斗殴

Er war wütend und bösartig und ging auf einen Neuling los.

他愤怒又恶毒，对一个新手大发雷霆。

John Thornton schritt ein, ruhig und gutmütig wie immer.

约翰·桑顿走了进来，一如既往地冷静和善良。

Buck lag mit gesenktem Kopf in einer Ecke und beobachtete Thornton aufmerksam.

巴克躺在角落里，低着头，仔细地注视着桑顿。

Burton schlug plötzlich zu und sein Schlag ließ Thornton herumwirbeln.

伯顿突然出击，一拳将桑顿打得天旋地转。

Nur die Stangenreling verhinderte, dass er hart auf den Boden stürzte.

只有酒吧的扶手才能阻止他重重地摔到地面。

Die Beobachter hörten ein Geräusch, das weder Bellen noch Jaulen war

观察者听到了一种既不是吠叫也不是尖叫的声音

Ein tiefes Brüllen kam von Buck, als er auf den Mann zustürzte.

巴克向那人冲去，发出一声低沉的吼叫。

Burton riss seinen Arm hoch und rettete nur knapp sein eigenes Leben.

伯顿举起手臂，险些保住了性命。

Buck prallte gegen ihn und warf ihn flach auf den Boden.

巴克撞到他，把他撞倒在地。

Buck biss tief in den Arm des Mannes und stürzte sich dann auf die Kehle.

巴克深深咬住那人的手臂，然后猛扑向他的喉咙。

Burton konnte den Angriff nur teilweise blocken und sein Hals wurde aufgerissen.

伯顿只能部分阻挡，脖子被撕开。

Männer stürmten mit erhobenen Knüppeln herein und vertrieben Buck von dem blutenden Mann.

人们冲进来，举起棍棒，把巴克从流血的男人身上赶了开来。

Ein Chirurg arbeitete schnell, um den Blutausfluss zu stoppen.

外科医生迅速采取行动，止住血液流出。

Buck ging auf und ab und knurrte, während er immer wieder versuchte anzugreifen.

巴克一边踱步一边咆哮，试图一次又一次地发起攻击。

Nur schwingende Knüppel hielten ihn davon ab, Burton zu erreichen.
只有挥舞的棍棒才能阻止他到达伯顿。

Eine Bergarbeiterversammlung wurde einberufen und noch vor Ort abgehalten.
矿工大会就地召开。

Sie waren sich einig, dass Buck provoziert worden war, und stimmten für seine Freilassung.
他们一致认为巴克是受到了挑衅，并投票决定释放他

Doch Bucks wilder Name hallte nun durch jedes Lager in Alaska.
但巴克凶猛的名字如今已在阿拉斯加的每个营地中回荡。

Später im Herbst rettete Buck Thornton erneut auf eine neue Art und Weise.
那年秋天晚些时候，巴克再次以一种新的方式拯救了桑顿。

Die drei Männer steuerten ein langes Boot durch wilde Stromschnellen.
这三个人正驾驶着一艘长船顺着湍急的河道前行。

Thornton steuerte das Boot und rief Anweisungen zur Küste.
桑顿掌着舵，向海岸线发出指示。

Hans und Pete rannten an Land und hielten sich an einem Seil fest, das sie von Baum zu Baum führte.
汉斯和皮特在陆地上奔跑，抓着绳子从一棵树跑到另一棵树。

Buck hielt am Ufer Schritt und behielt seinen Herrn immer im Auge.
巴克在河岸上不停地行走，始终注视着他的主人。

An einer ungünstigen Stelle ragten Felsen aus dem schnellen Wasser hervor.
在一个令人讨厌的地方，岩石在湍急的水流下突出。

Hans ließ das Seil los und Thornton steuerte das Boot weit.

汉斯松开了绳子，桑顿把船驶向了远处。

Hans sprintete, um das Boot an den gefährlichen Felsen vorbei wieder zu erreichen.

汉斯冲过危险的岩石，再次赶上船。

Das Boot passierte den Felsvorsprung, geriet jedoch in eine stärkere Strömung.

船越过了岩架，但撞上了更强的水流。

Hans griff zu schnell nach dem Seil und brachte das Boot aus dem Gleichgewicht.

汉斯抓住绳子太快，导致船失去平衡。

Das Boot kenterte und prallte mit dem Hinterteil nach oben gegen das Ufer.

船翻了，船底朝天地撞上了岸。

Thornton wurde hinausgeworfen und in den wildesten Teil des Wassers geschwemmt.

桑顿被抛出水面并被卷入水面最险恶的地方。

Kein Schwimmer hätte in diesen tödlichen, reißenden Gewässern überleben können.

没有任何游泳者能够在这些致命的湍急水域中生存下来。

Buck sprang sofort hinein und jagte seinen Herrn den Fluss hinunter.

巴克立即跳入水中，追着主人顺着河而下。

Nach dreihundert Metern erreichte er endlich Thornton.

走了三百码后，他终于到达了桑顿。

Thornton packte Buck am Schwanz und Buck drehte sich zum Ufer um.

桑顿抓住了巴克的尾巴，巴克转身向岸边游去。

Er schwamm mit voller Kraft und kämpfte gegen den wilden Sog des Wassers an.

他拼尽全力游着，抵抗着水的猛烈阻力。

Sie bewegten sich schneller flussabwärts, als sie das Ufer erreichen konnten.

他们顺流而下的速度比到达岸边的速度还快。

Vor ihnen toste der Fluss immer lauter und stürzte in tödliche Stromschnellen.

前方，河水咆哮声越来越大，形成致命的急流。

Felsen schnitten durch das Wasser wie die Zähne eines riesigen Kamms.

岩石像一把巨大梳子的齿一样划破水面。

Die Anziehungskraft des Wassers in der Nähe des Tropfens war wild und unausweichlich.

靠近落差处的水的拉力是巨大而无法避免的。

Thornton wusste, dass sie das Ufer nie rechtzeitig erreichen würden.

桑顿知道他们不可能及时到达岸边。

Er schrammte über einen Felsen, zerschmetterte einen zweiten,

他刮过一块岩石，又撞上另一块，

Und dann prallte er gegen einen dritten Felsen, den er mit beiden Händen festhielt.

然后他撞上了第三块岩石，用双手抓住了它。

Er ließ Buck los und übertönte das Gebrüll: „Los, Buck! Los!"

他放开巴克，大声喊道："快，巴克！快！"

Buck konnte sich nicht über Wasser halten und wurde von der Strömung mitgerissen.

巴克无法浮在水面上，被水流冲走了。

Er kämpfte hart und versuchte, sich umzudrehen, kam aber überhaupt nicht voran.

他拼命挣扎，挣扎着转身，但却毫无进展。

Dann hörte er, wie Thornton den Befehl über das Tosen des Flusses hinweg wiederholte.

然后他听到桑顿在河水的咆哮声中重复了命令。

Buck erhob sich aus dem Wasser und hob den Kopf, als wolle er einen letzten Blick werfen.

巴克从水里站了起来，抬起头，仿佛要看最后一眼。

dann drehte er sich um und gehorchte und schwamm entschlossen auf das Ufer zu.

然后转身服从，坚决地向岸边游去。

Pete und Hans zogen ihn im letzten Moment an Land.

皮特和汉斯在最后一刻将他拉上了岸。

Sie wussten, dass Thornton sich nur noch wenige Minuten am Felsen festklammern konnte.

他们知道桑顿只能坚持在岩石上几分钟。

Sie rannten das Ufer hinauf zu einer Stelle weit oberhalb der Stelle, an der er hing.

他们沿着河岸跑去，来到比他悬挂的地方高得多的地方。

Sie befestigten die Bootsleine sorgfältig an Bucks Hals und Schultern.

他们小心翼翼地将船绳系在巴克的脖子和肩膀上。

Das Seil saß eng, war aber locker genug zum Atmen und für Bewegung.

绳子很紧，但又足够松，方便呼吸和活动。

Dann warfen sie ihn erneut in den reißenden, tödlichen Fluss.

然后他们又把他扔进了湍急而致命的河流。

Buck schwamm mutig, verpasste jedoch seinen Winkel in die Kraft des Stroms.

巴克大胆地游着，但却没有游进湍急的水流中。

Er sah zu spät, dass er an Thornton vorbeiziehen würde.

他意识到自己即将超越桑顿，但为时已晚。

Hans riss das Seil fest, als wäre Buck ein kenterndes Boot.

汉斯猛地拉紧绳子，仿佛巴克是一艘倾覆的小船。

Die Strömung zog ihn nach unten und er verschwand unter der Oberfläche.

水流将他拉下水，他消失在水面之下。

Sein Körper schlug gegen das Ufer, bevor Hans und Pete ihn herauszogen.

在汉斯和皮特将他拉出来之前，他的身体撞到了岸边。

Er war halb ertrunken und sie haben das Wasser aus ihm herausgeprügelt.

他已经半溺水了，他们把他体内的水打出来。

Buck stand auf, taumelte und brach erneut auf dem Boden zusammen.

巴克站起来，踉跄了一下，再次倒在地上。

Dann hörten sie Thorntons Stimme, die schwach vom Wind getragen wurde.

然后他们听到风中隐隐传来桑顿的声音。

Obwohl die Worte undeutlich waren, wussten sie, dass er dem Tode nahe war.

虽然话语不清楚，但他们知道他已经快要死了。

Der Klang von Thorntons Stimme traf Buck wie ein elektrischer Schlag.

桑顿的声音让巴克如遭电击。

Er sprang auf, rannte das Ufer hinauf und kehrte zum Startpunkt zurück.

他跳起来，跑上河岸，回到了出发点。

Wieder banden sie Buck das Seil fest und wieder betrat er den Bach.

他们再次将绳子绑在巴克身上，他再次跳入小溪。

Diesmal schwamm er direkt und entschlossen in das rauschende Wasser.

这一次，他直接、坚定地游进了湍急的水流中。

Hans ließ das Seil langsam los, während Pete darauf achtete, dass es sich nicht verhedderte.

汉斯稳稳地放出绳子，而皮特则负责防止绳子缠结。

Buck schwamm schnell, bis er direkt über Thornton auf einer Linie lag.

巴克奋力游动，直到他位于桑顿正上方。

Dann drehte er sich um und raste wie ein Zug mit voller Geschwindigkeit nach unten.

然后他转身，像一列全速的火车一样冲了下去。

Thornton sah ihn kommen, machte sich bereit und schlang die Arme um seinen Hals.

桑顿看到他来了，做好了准备，用双臂搂住他的脖子。

Hans band das Seil fest um einen Baum, als beide unter Wasser gezogen wurden.

汉斯将绳子紧紧地绑在一棵树上，然后把两人都拉下去。

Sie stürzten unter Wasser und zerschellten an Felsen und Flusstrümmern.

它们在水下翻滚，撞上岩石和河流碎片。

In einem Moment war Buck oben, im nächsten erhob sich Thornton keuchend.

前一刻巴克还在他上面，下一刻桑顿就气喘吁吁地站了起来。

Zerschlagen und erstickend steuerten sie auf das Ufer zu und waren in Sicherheit.

他们伤痕累累、窒息而亡，只好转向岸边寻求安全。

Thornton erlangte sein Bewusstsein wieder und lag quer über einem Treibholzbaumstamm.

桑顿恢复了意识，躺在一根漂流木上。

Hans und Pete haben hart gearbeitet, um ihm Atem und Leben zurückzugeben.

汉斯和皮特努力帮助他恢复呼吸和生命。

Sein erster Gedanke galt Buck, der regungslos und schlaff dalag.

他首先想到的是巴克，它一动不动地躺在那里。

Nig heulte über Bucks Körper und Skeet leckte sanft sein Gesicht.

尼格对着巴克的身体嚎叫，斯基特轻轻地舔着巴克的脸。

Thornton, wund und verletzt, untersuchte Buck mit vorsichtigen Händen.

桑顿浑身酸痛，浑身瘀伤，他用手小心翼翼地检查巴克。

Er stellte fest, dass der Hund drei Rippen gebrochen hatte, jedoch keine tödlichen Wunden aufwies.

他发现这只狗有三根肋骨断裂，但没有致命伤。

„Damit ist die Sache geklärt", sagte Thornton. „Wir zelten hier." Und das taten sie.

"那就这么定了，" 桑顿说。 "我们就在这里扎营。" 他们就真的扎营了。

Sie blieben, bis Bucks Rippen verheilt waren und er wieder laufen konnte.

他们一直待到巴克的肋骨痊愈并能再次行走。

In diesem Winter vollbrachte Buck eine Leistung, die seinen Ruhm noch weiter steigerte.

那年冬天，巴克完成了一项壮举，进一步提高了他的名气。

Es war weniger heroisch als Thornton zu retten, aber genauso beeindruckend.

这虽然不如拯救桑顿那么英勇，但同样令人印象深刻。

In Dawson benötigten die Partner Vorräte für eine weite Reise.

在道森，合作伙伴需要为长途旅行提供补给。

Sie wollten nach Osten reisen, in unberührte Wildnisgebiete.

他们想前往东部，进入未被开发的荒野地区。

Bucks Tat im Eldorado Saloon machte diese Reise möglich.

巴克在埃尔多拉多酒吧的行为使得这次旅行成为可能。

Es begann damit, dass Männer bei einem Drink mit ihren Hunden prahlten.

事情的起因是，男人们边喝酒边吹嘘自己的狗。

Bucks Ruhm machte ihn zur Zielscheibe von Herausforderungen und Zweifeln.

巴克的名气使他成为挑战和怀疑的对象。

Thornton blieb stolz und ruhig und verteidigte Bucks Namen standhaft.

桑顿骄傲而冷静，坚定地捍卫巴克的名字。

Ein Mann sagte, sein Hund könne problemlos zweihundertsechsunddreißig kg ziehen.

一名男子说他的狗可以轻松拉动五百磅的重物。

Ein anderer sagte sechshundert und ein dritter prahlte mit siebenhundert.

另一个人说有六百人，第三个人则夸口有七百人。

„Pfft!", sagte John Thornton, „Buck kann einen fünfhundert kg schweren Schlitten ziehen."

"噗！"约翰·桑顿说，"巴克能拉动一千磅重的雪橇。"

Matthewson, ein Bonanza-König, beugte sich vor und forderte ihn heraus.

富矿之王马修森倾身向前，向他发起挑战。

„Glauben Sie, er kann so viel Gewicht in Bewegung setzen?"

"你认为他能举起那么大的重量吗？"

„Und Sie glauben, er kann das Gewicht volle hundert Meter weit ziehen?"

"你认为他能把重物拉出足足一百码吗？"

Thornton antwortete kühl: „Ja. Buck ist Hund genug, um das zu tun."

桑顿冷冷地回答：是的。巴克足够厉害，可以做到

„Er wird tausend Pfund in Bewegung setzen und es hundert Meter weit ziehen."

"他会施加一千磅的力，然后把它拉一百码。"

Matthewson lächelte langsam und stellte sicher, dass alle Männer seine Worte hörten.

马修森慢慢地笑了笑，确保所有人都听到了他的话。

„Ich habe tausend Dollar, die sagen, dass er es nicht kann. Da ist es."

"我有一千美元可以证明他不行。就是这样。"

Er knallte einen Sack Goldstaub von der Größe einer Wurst auf die Theke.

他把一袋香肠大小的金粉重重地扔在吧台上。

Niemand sagte ein Wort. Die Stille um sie herum wurde drückend und angespannt.

没人说话。四周的寂静愈发沉重、紧张。

Thorntons Bluff – wenn es denn einer war – war ernst genommen worden.

桑顿的虚张声势——如果算的话——
已经被认真对待了。

Er spürte, wie ihm die Hitze im Gesicht aufstieg und das Blut in seine Wangen schoss.

他感到脸上发热，血液涌上脸颊。

In diesem Moment war seine Zunge seiner Vernunft voraus.

那一刻，他的舌头已经超越了他的理智。

Er wusste wirklich nicht, ob Buck fünfhundert kg bewegen konnte.

他真的不知道巴克是否能搬动一千磅的重量。

Eine halbe Tonne! Allein die Größe ließ ihm das Herz schwer werden.

半吨！光是看着它的大小，就让他心里沉重无比。

Er hatte Vertrauen in Bucks Stärke und hielt ihn für fähig.

他相信巴克的力量并且认为他有能力。

Doch einer solchen Herausforderung war er noch nie begegnet, nicht auf diese Art und Weise.

但他从来没有面临过这种挑战，不是这样的。

Ein Dutzend Männer beobachteten ihn still und warteten darauf, was er tun würde.

十几个人静静地注视着他，等着看他要做什么。

Er hatte das Geld nicht – Hans und Pete auch nicht.

他没有钱——汉斯和皮特也没有。

„Ich habe draußen einen Schlitten", sagte Matthewson kalt und direkt.

"我外面有一辆雪橇，" 马修森冷冷地直接说道。

„Es ist mit zwanzig Säcken zu je fünfzig Pfund beladen, alles Mehl.

"里面装了二十袋面粉，每袋五十磅。

Lassen Sie sich also jetzt nicht von einem fehlenden Schlitten als Ausrede ausreden", fügte er hinzu.

所以现在不要让雪橇丢失成为你的借口，”他补充道

Thornton stand still da. Er wusste nicht, was er sagen sollte.

桑顿沉默不语，不知道该说什么。

Er blickte sich die Gesichter an, ohne sie deutlich zu erkennen.

他环顾四周，但没看清楚他们的脸。

Er sah aus wie ein Mann, der in Gedanken erstarrt war und versuchte, neu zu starten.

他看上去就像一个陷入沉思的人，试图重新开始。

Dann sah er Jim O'Brien, einen Freund aus der Mastodon-Zeit.

然后他见到了吉姆·奥布莱恩（Jim O'Brien），他是 Mastodon 时期的朋友。

Dieses vertraute Gesicht gab ihm Mut, von dem er nicht wusste, dass er ihn hatte.

那张熟悉的面孔给了他从未意识到的勇气。

Er drehte sich um und fragte mit leiser Stimme: „Können Sie mir tausend leihen?"

他转过身，低声问道："你能借我一千块吗？"

„Sicher", sagte O'Brien und ließ bereits einen schweren Sack neben dem Gold fallen.

"当然可以，" 奥布莱恩说着，已经把一个沉重的袋子扔到了金子旁边。

„Aber ehrlich gesagt, John, ich glaube nicht, dass das Biest das tun kann."

"但说实话，约翰，我不相信那野兽能做到这一点。"

Alle im Eldorado Saloon strömten nach draußen, um sich die Veranstaltung anzusehen.

埃尔多拉多酒吧里的每个人都冲到外面观看这一幕。

Sie ließen Tische und Getränke zurück und sogar die Spiele wurden unterbrochen.

他们离开了桌子和饮料，甚至游戏也暂停了。

Dealer und Spieler kamen, um das Ende der kühnen Wette mitzuerleben.

庄家和赌徒们纷纷前来见证这场大胆赌注的结束。

Hunderte versammelten sich auf der vereisten Straße um den Schlitten.

数百人聚集在结冰的街道上的雪橇周围。

Matthewsons Schlitten stand mit einer vollen Ladung Mehlsäcke da.

马修森的雪橇上满载着面粉袋。

Der Schlitten stand stundenlang bei Minustemperaturen.

雪橇已经在零度以下的气温中停放了几个小时。

Die Kufen des Schlittens waren fest am festgetretenen Schnee festgefroren.

雪橇的滑板被紧紧地冻在了厚厚的雪地上。

Die Männer wetteten zwei zu eins, dass Buck den Schlitten nicht bewegen könne.

人们以二比一的赔率赌巴克无法移动雪橇。

Es kam zu einem Streit darüber, was „ausbrechen" eigentlich bedeutet.

关于"突破"的真正含义，发生了争论。

O'Brien sagte, Thornton solle die festgefrorene Basis des Schlittens lösen.

奥布莱恩说，桑顿应该松开雪橇冻结的底座。

Buck könnte dann aus einem soliden, bewegungslosen Start „ausbrechen".

然后，巴克就可以从坚实、静止的状态下"突围"出来。

Matthewson argumentierte, dass der Hund auch die Läufer befreien müsse.

马修森认为狗也必须把跑步者救出来。

Die Männer, die von der Wette gehört hatten, stimmten Matthewsons Ansicht zu.

听过赌注的人都同意马修森的观点。

Mit dieser Entscheidung stiegen die Chancen auf drei zu eins gegen Buck.

根据这一裁决，巴克获胜的赔率上升到了三比一。

Niemand trat vor, um die wachsende Drei-zu-eins-Chance
auf sich zu nehmen.

没有人站出来承担越来越大的三比一赔率。

Kein einziger Mann glaubte, dass Buck diese große Leistung
vollbringen könnte.

没有一个人相信巴克能够完成这一伟大壮举。

Thornton war zu der Wette gedrängt worden, obwohl er
voller Zweifel war.

桑顿带着深深的疑虑匆忙参与了这场赌注。

Nun blickte er auf den Schlitten und das zehnköpfige
Hundegespann daneben.

现在他看着雪橇和旁边的十只狗组成的队伍。

Als ich die Realität der Aufgabe sah, erschien sie noch
unmöglicher.

看到这个任务的现实后，它看起来更加不可能了。

Matthewson war in diesem Moment voller Stolz und
Selbstvertrauen.

那一刻，马修森充满了自豪和自信。

„Drei zu eins!", rief er. „Ich wette noch tausend, Thornton!"

"三比一！"他喊道，"我再赌一千，桑顿！"

Was sagst du dazu?", fügte er laut genug hinzu, dass es alle
hören konnten.

你说什么？"他补充道，声音大到所有人都能听到。

Thorntons Gesicht zeigte seine Zweifel, aber sein Geist war
aufgeblüht.

桑顿脸上露出疑惑，但他的精神已经振奋起来。

Dieser Kampfgeist ignorierte alle Widrigkeiten und
fürchtete sich überhaupt nicht.

那种战斗精神无视困难，无所畏惧。

Er forderte Hans und Pete auf, ihr gesamtes Bargeld auf den
Tisch zu bringen.

他叫来汉斯和皮特，让他们把所有的现金都拿到桌子
上。

Ihnen blieb nicht mehr viel übrig – insgesamt nur zweihundert Dollar.

他们所剩无几了——加起来只有两百美元。

Diese kleine Summe war ihr gesamtes Vermögen in schweren Zeiten.

这笔小钱就是他们艰难时期的全部财产。

Dennoch setzten sie ihr gesamtes Vermögen auf Matthewsons Wette.

尽管如此，他们还是把全部财产押在了马修森的赌注上。

Das zehnköpfige Hundegespann wurde abgekoppelt und vom Schlitten wegbewegt.

十只狗组成的队伍被解开，离开了雪橇。

Buck wurde in die Zügel genommen und trug sein vertrautes Geschirr.

巴克被放在缰绳上，戴着他熟悉的挽具。

Er hatte die Energie der Menge aufgefangen und die Spannung gespürt.

他感受到了人群的活力和紧张气氛。

Irgendwie wusste er, dass er etwas für John Thornton tun musste.

不管怎样，他知道他必须为约翰·桑顿做点什么。

Die Leute murmelten voller Bewunderung über die stolze Gestalt des Hundes.

人们对这只狗骄傲的身影发出赞叹声。

Er war schlank und stark und hatte kein einziges Gramm Fleisch zu viel.

他身材精瘦，体魄强健，身上没有一丝多余的肉。

Sein Gesamtgewicht von hundertfünfzig Pfund bestand nur aus Kraft und Ausdauer.

他的全部体重有一百五十磅，全靠力量和耐力。

Bucks Fell glänzte wie Seide und strotzte vor Gesundheit und Kraft.

巴克的皮毛像丝绸一样闪闪发光，厚实而富有健康和力量。

Das Fell an seinem Hals und seinen Schultern schien sich aufzurichten und zu sträuben.

他脖子和肩膀上的毛发似乎竖了起来。

Seine Mähne bewegte sich leicht, jedes Haar war voller Energie.

他的鬃毛微微摇曳，每一根毛发都散发着巨大的能量

Seine breite Brust und seine starken Beine passten zu seinem schweren, robusten Körperbau.

他宽阔的胸膛和强壮的双腿与他厚重、坚韧的身材相得益彰。

Unter seinem Mantel spannten sich Muskeln, straff und fest wie geschmiedetes Eisen.

他的外套下肌肉起伏，紧实如铁。

Männer berührten ihn und schworen, er sei gebaut wie eine Stahlmaschine.

人们触摸他并发誓他就像一台钢铁机器。

Die Quoten sanken leicht auf zwei zu eins gegen den großen Hund.

大狗获胜的几率略微下降为二比一。

Ein Mann von den Skookum Benches drängte sich stotternd nach vorne.

一名来自斯科库姆长凳的男子结结巴巴地向前走去。

„Gut, Sir! Ich biete achthundert für ihn – vor der Prüfung, Sir!"

"好，先生！我出价八百英镑买下他——
在考试之前，先生！"

„Achthundert, so wie er jetzt dasteht!", beharrte der Mann.

"就他现在的水平，八百！"那人坚持道。

Thornton trat vor, lächelte und schüttelte ruhig den Kopf.

桑顿走上前，微笑着，平静地摇了摇头。

Matthewson schritt schnell mit warnender Stimme und einem Stirnrunzeln ein.

马修森皱着眉头，迅速走了进来，发出警告的声音。

„Sie müssen Abstand von ihm halten", sagte er. „Geben Sie ihm Raum."

"你必须离他远点，" 他说，"给他点空间。"

Die Menge verstummte; nur die Spieler boten noch zwei zu eins.

人群安静下来，只有赌徒还在提供二比一的赌注。

Alle bewunderten Bucks Körperbau, aber die Last schien zu groß.

每个人都钦佩巴克的体格，但是负荷看起来太大了。

Zwanzig Säcke Mehl – jeder fünfzig Pfund schwer – schienen viel zu viel.

二十袋面粉——每袋重五十磅——似乎太多了。

Niemand war bereit, seinen Geldbeutel zu öffnen und sein Geld zu riskieren.

没有人愿意打开自己的钱袋去冒险。

Thornton kniete neben Buck und nahm seinen Kopf in beide Hände.

桑顿跪在巴克身边，双手捧着他的头。

Er drückte seine Wange an Bucks und sprach in sein Ohr.

他把脸颊贴在巴克的脸颊上，对着他的耳朵说话。

Es gab jetzt kein spielerisches Schütteln oder geflüsterte liebevolle Beleidigungen.

现在不再有嬉闹的摇晃或低声的爱意侮辱。

Er murmelte nur leise: „So sehr du mich liebst, Buck."

他只是轻声低语道："就像你爱我一样，巴克。"

Buck stieß ein leises Winseln aus, seine Begierde konnte er kaum zurückhalten.

巴克发出一声安静的呜咽，几乎抑制不住他的渴望。

Die Zuschauer beobachteten neugierig, wie Spannung in der Luft lag.

旁观者好奇地看着气氛紧张。

Der Moment fühlte sich fast unwirklich an, wie etwas jenseits der Vernunft.

那一刻感觉几乎不真实，就像某种超越理性的事情。

Als Thornton aufstand, nahm Buck sanft seine Hand zwischen die Kiefer.

当桑顿站起来时，巴克轻轻地将他的手放在他的下巴上。

Er drückte mit den Zähnen nach unten und ließ dann langsam und sanft los.

他用牙齿压下去，然后慢慢地、轻轻地放开。

Es war eine stille Antwort der Liebe, nicht ausgesprochen, aber verstanden.

这是爱的无声回答，没有说出口，但却心领神会。

Thornton trat weit von dem Hund zurück und gab das Signal.

桑顿从狗身边退开一步，然后发出信号。

„Jetzt, Buck", sagte er und Buck antwortete mit konzentrierter Ruhe.

"现在，巴克，"他说道，巴克以专注而平静的态度回应。

Buck spannte die Leinen und lockerte sie dann um einige Zentimeter.

巴克把牵引绳拉紧，然后又松开了几英寸。

Dies war die Methode, die er gelernt hatte; seine Art, den Schlitten zu zerbrechen.

这是他学到的方法；这是他打破雪橇的方法。

„Mensch!", rief Thornton mit scharfer Stimme in der schweren Stille.

"哎呀！"桑顿喊道，在寂静中他的声音很尖锐。

Buck drehte sich nach rechts und stürzte sich mit seinem gesamten Gewicht nach vorn.

巴克向右转身，用尽全身的力气猛扑过去。

Das Spiel verschwand und Bucks gesamte Masse traf die straffen Leinen.

松弛消失了，巴克的整个身体都撞到了绷紧的绳索上。

Der Schlitten zitterte und die Kufen machten ein knackendes, knisterndes Geräusch.

雪橇颤动起来，滑行器发出清脆的噼啪声。

„Haw!", befahl Thornton und änderte erneut Bucks Richtung.

"哈！"桑顿命令道，再次改变了巴克的方向。

Buck wiederholte die Bewegung und zog diesmal scharf nach links.

巴克重复了这一动作，这次他猛地向左拉。

Das Knacken des Schlittens wurde lauter, die Kufen knackten und verschoben sich.

雪橇发出更响的噼啪声，滑板断裂并移动。

Die schwere Last rutschte leicht seitwärts über den gefrorenen Schnee.

沉重的货物在冻雪上稍微向侧面滑动。

Der Schlitten hatte sich aus der Umklammerung des eisigen Pfades gelöst!

雪橇已经脱离了冰道的束缚！

Die Männer hielten den Atem an, ohne zu merken, dass sie nicht einmal atmeten.

人们屏住呼吸，没有意识到自己甚至没有呼吸。

„Jetzt ZIEHEN!", rief Thornton durch die eisige Stille.

"现在，拉！"桑顿在一片寂静中大声喊道。

Thorntons Befehl klang scharf wie ein Peitschenknall.

桑顿的命令听起来很尖锐，就像鞭子抽打的声音。

Buck stürzte sich mit einem heftigen und heftigen Ausfallschritt nach vorne.

巴克猛地向前猛冲，发出刺耳的撞击声。

Sein ganzer Körper war aufgrund der enormen Belastung angespannt und verkrampft.

由于承受着巨大的压力，他的整个身体都绷紧了。

Unter seinem Fell spannten sich Muskeln wie lebendig werdende Schlangen.

他的皮毛下的肌肉起伏不平，就像活过来的蛇一样。

Seine breite Brust war tief, der Kopf nach vorne zum Schlitten gestreckt.

他宽阔的胸膛低垂着，头向前伸向雪橇。

Seine Pfoten bewegten sich blitzschnell und seine Krallen zerschnitten den gefrorenen Boden.

他的爪子像闪电一样移动，爪子划过冰冻的地面。

Er kämpfte um jeden Zentimeter Bodenhaftung und hinterließ tiefe Rillen.

他为了每一寸的牵引力而奋斗，留下了深深的伤痕。

Der Schlitten schaukelte, zitterte und begann eine langsame, unruhige Bewegung.

雪橇摇晃着，颤抖着，开始缓慢而不安地移动。

Ein Fuß rutschte aus und ein Mann in der Menge stöhnte laut auf.

一只脚滑了一下，人群中一名男子大声呻吟。

Dann machte der Schlitten mit einer ruckartigen, heftigen Bewegung einen Satz nach vorne.

然后，雪橇猛地向前猛冲。

Es hörte nicht wieder auf – noch einen halben Zoll ... einen Zoll ... zwei Zoll mehr.

它没有再停下来——

半英寸……一英寸……又两英寸。

Die Stöße wurden kleiner, als der Schlitten an Geschwindigkeit zunahm.

随着雪橇速度的加快，颠簸变得越来越小。

Bald zog Buck mit sanfter, gleichmäßiger Rollkraft.

很快，巴克就能以平稳、均匀、滚动的力量拉动。

Die Männer schnappten nach Luft und erinnerten sich schließlich wieder daran zu atmen.

男人们倒吸一口气，终于想起来了。

Sie hatten nicht bemerkt, dass ihnen vor Ehrfurcht der Atem stockte.

他们没有注意到，自己的呼吸已经因敬畏而停止了。

Thornton rannte hinterher und rief kurze, fröhliche Befehle.

桑顿跑在后面，大声喊着简短而欢快的命令。

Vor uns lag ein Stapel Brennholz, der die Entfernung markierte.

前面有一堆柴火标记着距离。

Als Buck sich dem Haufen näherte, wurde der Jubel immer lauter.

当巴克靠近那堆东西时，欢呼声越来越大。

Der Jubel schwoll zu einem Brüllen an, als Buck den Endpunkt passierte.

当巴克越过终点时，欢呼声逐渐升华为咆哮声。

Männer sprangen auf und schrien, sogar Matthewson grinste.

人们跳起来，欢呼起来，就连马修森也咧嘴笑了。

Hüte flogen durch die Luft, Fäustlinge wurden gedankenlos und ziellos herumgeworfen.

帽子在空中飞舞，手套被无意识地抛出。

Männer packten einander und schüttelten sich die Hände, ohne zu wissen, wer es war.

男人们互相抓住对方并握手，却不知道是谁。

Die ganze Menge war in wilder, freudiger Stimmung.

整个人群沸腾起来，欢欣雀跃。

Thornton fiel mit zitternden Händen neben Buck auf die Knie.

桑顿双手颤抖地跪在巴克身边。

Er drückte seinen Kopf an Bucks und schüttelte ihn sanft hin und her.

他把巴克的头贴在巴克的头上，轻轻地前后摇晃。

Diejenigen, die näher kamen, hörten, wie er den Hund mit stiller Liebe verfluchte.

走近的人听到他默默地咒骂那条狗。

Er beschimpfte Buck lange – leise, herzlich und emotional.

他大声咒骂巴克许久——

语气轻柔，热情洋溢，充满感情。

„Gut, Sir! Gut, Sir!", rief der König der Skookum-Bank hastig.

"好的，先生！好的，先生！"斯科库姆长凳之王急忙喊道。

„Ich gebe Ihnen tausend – nein, zwölfhundert – für diesen Hund, Sir!"

"先生，我愿意出一千——不，一千二百——的价钱买这条狗！"

Thornton stand langsam auf, seine Augen glänzten vor Emotionen.

桑顿慢慢地站了起来，眼里闪烁着激动的光芒。

Tränen strömten ihm ohne jede Scham über die Wangen.

泪水毫无羞耻地顺着脸颊流下来。

„Sir", sagte er zum König der Skookum-Bank, ruhig und bestimmt

"先生，"他坚定而坚定地对斯库库姆长凳之王说道

„Nein, Sir. Sie können zur Hölle fahren, Sir. Das ist meine endgültige Antwort."

不，先生。你下地狱吧，先生。这是我的最终答案

Buck packte Thorntons Hand sanft mit seinen starken Kiefern.

巴克用强壮的下巴轻轻地抓住桑顿的手。

Thornton schüttelte ihn spielerisch, ihre Bindung war so tief wie eh und je.

桑顿开玩笑地摇了摇他，他们之间的感情依然深厚。

Die Menge, bewegt von diesem Moment, trat schweigend zurück.

人群被这一刻所感动，默默地后退。

Von da an wagte es niemand mehr, diese heilige Zuneigung zu unterbrechen.

从此，再无人敢打扰如此神圣的感情。

Der Klang des Rufs
呼唤的声音

Buck hatte in fünf Minuten Sechzehnhundert Dollar verdient.

巴克在五分钟内就赚了一千六百美元。

Mit dem Geld konnte John Thornton einen Teil seiner Schulden begleichen.

这笔钱让约翰·桑顿偿还了部分债务。

Mit dem restlichen Geld machte er sich mit seinen Partnern auf den Weg nach Osten.

他带着剩余的钱与合伙人一起前往东部。

Sie suchten nach einer sagenumwobenen verlorenen Mine, die so alt ist wie das Land selbst.

他们寻找一座传说中的失落矿井，其历史与这个国家一样悠久。

Viele Männer hatten nach der Mine gesucht, aber nur wenige hatten sie je gefunden.

许多人都曾寻找过这座矿井，但很少有人找到它。

Während der gefährlichen Suche waren nicht wenige Männer verschwunden.

在这次危险的探险中，有不少人失踪了。

Diese verlorene Mine war sowohl in Geheimnisse als auch in eine alte Tragödie gehüllt.

这座失落的矿井被神秘和古老的悲剧所笼罩。

Niemand wusste, wer der erste Mann war, der die Mine entdeckt hatte.

没有人知道第一个发现这座矿井的人是谁。

In den ältesten Geschichten wird niemand namentlich erwähnt.

最古老的故事没有提到任何人的名字。

Dort hatte immer eine alte, baufällige Hütte gestanden.

那里一直有一间古老而摇摇欲坠的小屋。

Sterbende Männer hatten geschworen, dass sich neben dieser alten Hütte eine Mine befand.

垂死之人发誓那间旧木屋旁边有一座矿井。

Sie bewiesen ihre Geschichten mit Gold, wie es nirgendwo sonst zu finden ist.

他们用其他地方找不到的黄金证明了他们的故事。

Keine lebende Seele hatte den Schatz von diesem Ort jemals geplündert.

从来没有人从那里掠夺过宝藏。

Die Toten waren tot, und Tote erzählen keine Geschichten.

死者已死，死人不会留下任何痕迹。

Also machten sich Thornton und seine Freunde auf den Weg in den Osten.

于是桑顿和他的朋友们前往东部。

Pete und Hans kamen mit Buck und sechs starken Hunden.

皮特和汉斯也加入了进来，他们带来了巴克和六只强壮的狗。

Sie begaben sich auf einen unbekannten Weg, an dem andere gescheitert waren.

他们踏上了一条别人失败的未知道路。

Sie rodelten siebzig Meilen den zugefrorenen Yukon River hinauf.

他们乘雪橇沿着冰冻的育空河逆流而上七十英里。

Sie bogen links ab und folgten dem Pfad bis zum Stewart.

他们向左转，沿着小路进入斯图尔特。

Sie passierten Mayo und McQuestion und drängten weiter.

他们经过梅奥和麦奎森，继续前行。

Der Stewart schrumpfte zu einem Strom, der sich durch zerklüftete Gipfel schlängelte.

斯图尔特河逐渐变成一条小溪，穿过锯齿状的山峰。

Diese scharfen Gipfel markierten das Rückgrat des Kontinents.

这些尖锐的山峰标志着这片大陆的脊梁。

John Thornton verlangte wenig von den Menschen oder der Wildnis.

约翰·桑顿对人类和荒野的要求很少。

Er fürchtete nichts in der Natur und begegnete der Wildnis mit Leichtigkeit.

他无所畏惧自然，能够轻松地面对荒野。

Nur mit Salz und einem Gewehr konnte er reisen, wohin er wollte.

仅凭盐和一支步枪，他就能去任何他想去的地方。

Wie die Eingeborenen jagte er auf seiner Reise nach Nahrung.

像当地人一样，他在旅途中捕猎食物。

Wenn er nichts fing, machte er weiter und vertraute auf sein Glück.

如果他什么也没抓到，他就会继续前行，相信前方有好运。

Auf dieser langen Reise war Fleisch die Hauptnahrungsquelle.

在这次漫长的旅途中，肉是他们主要的食物。

Der Schlitten enthielt Werkzeuge und Munition, jedoch keinen strengen Zeitplan.

雪橇上装有工具和弹药，但没有严格的时间表。

Buck liebte dieses Herumwandern, die endlose Jagd und das Fischen.

巴克喜欢这种漫游、无休止的狩猎和钓鱼。

Wochenlang waren sie Tag für Tag unterwegs.

连续数周，他们日复一日地奔波。

Manchmal schlugen sie Lager auf und blieben wochenlang dort.

其他时候，他们会扎营并静静地待上数周。

Die Hunde ruhten sich aus, während die Männer im gefrorenen Dreck gruben.

当人们在冻土中挖掘时，狗在休息。

Sie erwärmten Pfannen über dem Feuer und suchten nach verborgenem Gold.

他们将锅放在火上加热，寻找隐藏的黄金。

An manchen Tagen hungerten sie, an anderen feierten sie Feste.

有时候他们会挨饿，有时候他们会大吃大喝。

Ihre Mahlzeiten hingen vom Wild und vom Jagdglück ab.

他们的食物取决于猎物和狩猎的运气。

Als der Sommer kam, trugen Männer und Hunde schwere Lasten auf ihren Rücken.

夏天到来的时候，男人和狗就背起重物。

Sie fuhren mit dem Floß über blaue Seen, die in Bergwäldern versteckt waren.

他们乘木筏穿过隐藏在山林中的蓝色湖泊。

Sie segelten in schmalen Booten auf Flüssen, die noch nie von Menschen kartiert worden waren.

他们驾驶着细长的船，在从未有人绘制过地图的河流上航行。

Diese Boote wurden aus Bäumen gebaut, die sie in der Wildnis gesägt haben.

这些船是用他们在野外锯的树木建造的。

Die Monate vergingen und sie schlängelten sich durch die wilden, unbekannten Länder.

几个月过去了，他们穿越了荒野的未知土地。

Es waren keine Männer dort, doch alte Spuren deuteten darauf hin, dass Männer dort gewesen waren.

那里没有人类，但古老的痕迹却暗示着曾经有人存在

Wenn die verlorene Hütte echt war, dann waren einst andere hier entlang gekommen.

如果"迷失小屋"是真实存在的，那么其他人一定也曾来过这里。

Sie überquerten hohe Pässe bei Schneestürmen, sogar im Sommer.

即使是在夏天，他们也冒着暴风雪穿越山口。

Sie zitterten unter der Mitternachtssonne auf kahlen Berghängen.

他们在光秃秃的山坡上，在午夜的阳光下瑟瑟发抖。

Zwischen der Baumgrenze und den Schneefeldern stiegen sie langsam auf.

他们在树线和雪原之间缓慢攀登。

In warmen Tälern schlugen sie nach Schwärmen aus Mücken und Fliegen.

在温暖的山谷中，他们拍打着成群的蚊虫和苍蝇。

Sie pflückten süße Beeren in der Nähe von Gletschern in voller Sommerblüte.

他们在夏季盛开的冰川附近采摘甜浆果。

Die Blumen, die sie fanden, waren genauso schön wie die im Süden.

他们发现的花和南国的花一样美丽。

Im Herbst erreichten sie eine einsame Region voller stiller Seen.

那年秋天，他们到达了一个遍布寂静湖泊的荒凉地区

Das Land war traurig und leer, einst voller Vögel und Tiere.

这片土地曾经充满鸟兽，如今却一片荒凉。

Jetzt gab es kein Leben mehr, nur noch den Wind und das Eis, das sich in Pfützen bildete.

现在没有生命，只有风和水池中形成的冰。

Mit einem sanften, traurigen Geräusch schlugen die Wellen gegen die leeren Ufer.

海浪拍打着空旷的海岸，发出轻柔而悲伤的声音。

Ein weiterer Winter kam und sie folgten erneut schwachen, alten Spuren.

又一个冬天来临，他们又沿着模糊的旧路前行。

Dies waren die Spuren von Männern, die schon lange vor ihnen gesucht hatten.

这些是很久以前搜寻过的人们留下的足迹。

Einmal fanden sie einen Pfad, der tief in den dunklen Wald hineinreichte.

有一次，他们发现了一条深入黑暗森林的小路。

Es war ein alter Pfad und sie hatten das Gefühl, dass die verlorene Hütte ganz in der Nähe war.

这是一条古老的小路，他们感觉失踪的小屋就在附近。

Doch die Spur führte nirgendwo hin und verlor sich im dichten Wald.

但这条小路不知通向何方，消失在茂密的树林中。

Wer auch immer die Spur angelegt hat und warum, das wusste niemand.

没人知道是谁开辟了这条小路，以及他们为何开辟这条小路。

Später fanden sie das Wrack einer Hütte, versteckt zwischen den Bäumen.

后来，他们在树林里发现了一间小屋的残骸。

Verrottende Decken lagen verstreut dort, wo einst jemand geschlafen hatte.

腐烂的毯子散落在曾经有人睡过的地方。

John Thornton fand darin ein Steinschlossgewehr mit langem Lauf.

约翰·桑顿（John Thornton）发现里面埋着一把长管燧发枪。

Er wusste, dass es sich um eine Waffe von Hudson Bay aus den frühen Handelstagen handelte.

他从早期交易时就知道这是哈德逊湾枪。

Damals wurden solche Gewehre gegen Stapel von Biberfellen eingetauscht.

在那个年代，这种枪是用一堆海狸皮来交换的。

Das war alles – von dem Mann, der die Hütte gebaut hatte, gab es keine Spur mehr.

仅此而已——

没有留下任何关于建造这座小屋的人的线索。

Der Frühling kam wieder und sie fanden keine Spur von der verlorenen Hütte.

春天又来了，他们却没有发现迷失小屋的踪迹。

Stattdessen fanden sie ein breites Tal mit einem seichten Bach.

他们发现的却是一片宽阔的山谷，山谷里有一条浅浅的小溪。

Gold lag wie glatte, gelbe Butter auf dem Pfannenboden.
金子铺满锅底，就像光滑的黄色黄油一样。

Sie hielten dort an und suchten nicht weiter nach der Hütte.
他们就在那里停了下来，不再寻找小屋。

Jeden Tag arbeiteten sie und fanden Tausende in Goldstaub.
他们每天辛勤劳作，在金粉中发现了数千颗金子。

Sie packten das Gold in Säcke aus Elchhaut, jeder Fünfzig Pfund schwer.
他们将黄金装入驼鹿皮袋中，每袋五十磅。

Die Säcke waren wie Brennholz vor ihrer kleinen Hütte gestapelt.
这些袋子像柴火一样堆放在他们的小屋外面。

Sie arbeiteten wie Giganten und die Tage vergingen wie im Flug.
他们像巨人一样努力工作，日子过得像做梦一样快。

Sie häuften Schätze an, während die endlosen Tage schnell vorbeizogen.
无数的日子一天天过去，他们积累了越来越多的财富

Außer ab und zu Fleisch zu schleppen, gab es für die Hunde nicht viel zu tun.
除了偶尔运送肉以外，狗几乎没什么事可做。

Thornton jagte und tötete das Wild, und Buck lag am Feuer.
桑顿捕猎并杀死了猎物，而巴克则躺在火堆旁。

Er verbrachte viele Stunden schweigend, versunken in Gedanken und Erinnerungen.
他长时间地保持沉默，沉浸在思考和回忆中。

Das Bild des haarigen Mannes kam Buck immer häufiger in den Sinn.
那个毛茸茸的男人的形象越来越频繁地出现在巴克的脑海里。

Jetzt, wo es kaum noch Arbeit gab, träumte Buck, während er ins Feuer blinzelte.
现在工作很少了，巴克一边眨着眼睛看着火，一边做着梦。

In diesen Träumen wanderte Buck mit dem Mann in eine andere Welt.

在那些梦里，巴克和那个男人在另一个世界里流浪。

Angst schien das stärkste Gefühl in dieser fernen Welt zu sein.

在那个遥远的世界里，恐惧似乎是最强烈的感觉。

Buck sah, wie der haarige Mann mit gesenktem Kopf schlief.

巴克看到那个毛茸茸的男人低着头睡觉。

Seine Hände waren gefaltet und sein Schlaf war unruhig und unterbrochen.

他双手紧握，睡眠不安稳。

Er wachte immer ruckartig auf und starrte ängstlich in die Dunkelheit.

他常常突然惊醒，并恐惧地盯着黑暗。

Dann warf er mehr Holz ins Feuer, um die Flamme hell zu halten.

然后他会把更多的木头扔进火里以保持火焰明亮。

Manchmal spazierten sie an einem Strand entlang, der an einem grauen, endlosen Meer entlangführte.

有时他们会沿着灰色、无边无际的海滩散步。

Der haarige Mann sammelte Schalentiere und aß sie im Gehen.

毛人一边走，一边捡贝类吃。

Seine Augen suchten immer nach verborgenen Gefahren in den Schatten.

他的眼睛总是搜寻着阴影中隐藏的危险。

Seine Beine waren immer bereit, beim ersten Anzeichen einer Bedrohung loszusprinten.

一旦发现威胁，他的双腿就随时准备冲刺。

Sie schlichen still und vorsichtig Seite an Seite durch den Wald.

他们并肩悄悄地、警惕地穿过森林。

Buck folgte ihm auf den Fersen und beide blieben wachsam.

巴克紧随其后，两人都保持警惕。

Ihre Ohren zuckten und bewegten sich, ihre Nasen
schnüffelten in der Luft.

他们的耳朵抽动着，鼻子嗅着空气。

Der Mann konnte den Wald genauso gut hören und riechen
wie Buck.

这个人能像巴克一样敏锐地听到并闻到森林的声音。

Der haarige Mann schwang sich mit plötzlicher
Geschwindigkeit durch die Bäume.

毛茸茸的男人突然加速穿过树林。

Er sprang von Ast zu Ast, ohne jemals den Halt zu verlieren.

他从一个树枝跳到另一个树枝，始终抓不住树枝。

Er bewegte sich über dem Boden genauso schnell wie auf
ihm.

他在地面上移动的速度与他在地面上移动的速度一样
快。

Buck erinnerte sich an lange Nächte, in denen er unter den
Bäumen Wache hielt.

巴克记得自己在树下守夜的漫长时光。

Der Mann schlief auf seiner Stange in den Zweigen und
klammerte sich fest.

男人睡在树枝上，紧紧地抱住树枝。

Diese Vision des haarigen Mannes war eng mit dem tiefen
Ruf verbunden.

毛人的这个景象与深沉的呼唤紧密相关。

Der Ruf klang noch immer mit eindringlicher Kraft durch
den Wald.

那呼唤声依然在森林中回荡，令人难以忘怀。

Der Anruf erfüllte Buck mit Sehnsucht und einem rastlosen
Gefühl der Freude.

这呼唤让巴克心中充满了渴望和一种不安的喜悦感。

Er spürte seltsame Triebe und Regungen, die er nicht
benennen konnte.

他感觉到一种难以名状的奇怪冲动和激动。

Manchmal folgte er dem Ruf tief in die Stille des Waldes.

有时他会追随呼唤，深入寂静的森林。

Er suchte nach dem Ruf und bellte dabei leise oder scharf.

他一边走一边寻找呼唤的声音，轻轻地或尖锐地吠叫

Er roch am Moos und der schwarzen Erde, wo die Gräser wuchsen.

他嗅了嗅长满草的苔藓和黑土的味道。

Er schnaubte entzückt über den reichen Geruch der tiefen Erde.

听到深层泥土的浓郁气味，他高兴地哼了一声。

Er hockte stundenlang hinter pilzbefallenen Baumstämmen.

他在长满真菌的树干后面蹲了几个小时。

Er blieb still und lauschte mit großen Augen jedem noch so kleinen Geräusch.

他一动不动，睁大眼睛聆听每一个细微的声音。

Vielleicht hoffte er, das Wesen, das den Ruf auslöste, zu überraschen.

他或许希望给打电话的人一个惊喜。

Er wusste nicht, warum er so handelte – er tat es einfach.

他不知道自己为何这么做——他只是这么做了。

Die Triebe kamen aus der Tiefe, jenseits von Denken und Vernunft.

这种冲动源自内心深处，超越了思考或理性。

Unwiderstehliche Triebe überkamen Buck ohne Vorwarnung oder Grund.

无法抗拒的冲动毫无预兆或理由地占据了巴克的心。

Manchmal döste er träge im Lager in der Mittagshitze.

有时，在正午的酷热中，他在营地里懒洋洋地打瞌睡
。

Plötzlich hob er den Kopf und stellte aufmerksam die Ohren auf.

突然，他抬起头，警惕地竖起耳朵。

Dann sprang er auf und stürmte ohne Pause in die Wildnis.

然后他跳了起来，毫不停顿地冲进了荒野。

Er rannte stundenlang durch Waldwege und offene Flächen.

他在森林小径和空地上跑了几个小时。

Er liebte es, trockenen Bachläufen zu folgen und Vögel in den Bäumen zu beobachten.

他喜欢沿着干涸的河床行走并观察树上的鸟儿。

Er könnte den ganzen Tag versteckt liegen und den Rebhühnern beim Herumstolzieren zusehen.

他可以整天躲藏着，看着鹧鸪四处走动。

Sie trommelten und marschierten, ohne Bucks Anwesenheit zu bemerken.

他们一边击鼓一边行进，完全没有注意到巴克还在。

Doch am meisten liebte er das Laufen in der Sommerdämmerung.

但他最喜欢的还是夏日黄昏时分的奔跑。

Das schwache Licht und die schläfrigen Waldgeräusche erfüllten ihn mit Freude.

昏暗的灯光和令人昏昏欲睡的森林声音让他充满了喜悦。

Er las die Zeichen des Waldes so deutlich, wie ein Mann ein Buch liest.

他能像读书一样清楚地读出森林里的迹象。

Und er suchte immer nach dem seltsamen Ding, das ihn rief.

他总是在寻找那召唤他的奇怪事物。

Dieser Ruf hörte nie auf – er erreichte ihn im Wachzustand und im Schlaf.

那个呼唤从未停止——

无论他醒着还是睡着，它都能够听到。

Eines Nachts erwachte er mit einem Ruck, die Augen waren scharf und die Ohren gespitzt.

一天夜里，他突然惊醒，眼睛锐利，耳朵竖起。

Seine Nasenlöcher zuckten, während seine Mähne in Wellen sträubte.

他的鼻孔抽动着，鬃毛竖起，像波浪一样。

Aus der Tiefe des Waldes ertönte erneut der alte Ruf.

森林深处再次传来声音，那古老的呼唤。

Diesmal war der Ton klar und deutlich zu hören, ein langes, eindringliches, vertrautes Heulen.

这一次，声音很清晰，是一声悠长、萦绕心头、熟悉的嚎叫。

Es klang wie der Schrei eines Huskys, aber mit einem seltsamen und wilden Ton.

它就像哈士奇的叫声，但语气奇怪而狂野。

Buck erkannte das Geräusch sofort – er hatte das genaue Geräusch vor langer Zeit gehört.

巴克立刻就听出了这个声音——
他很久以前就听过这个声音。

Er sprang durch das Lager und verschwand schnell im Wald.

他冲过营地，迅速消失在树林里。

Als er sich dem Geräusch näherte, wurde er langsamer und bewegte sich vorsichtig.

当他靠近声音时，他放慢了速度并小心翼翼地移动。

Bald erreichte er eine Lichtung zwischen dichten Kiefern.

很快他就到达了茂密松树之间的一片空地。

Dort saß aufrecht auf seinen Hinterbeinen ein großer, schlanker Timberwolf.

那里，坐着一只高大、精瘦的森林狼。

Die Nase des Wolfes zeigte zum Himmel und hallte noch immer den Ruf wider.

狼的鼻子指向天空，仍然回荡着叫声。

Buck hatte keinen Laut von sich gegeben, doch der Wolf blieb stehen und lauschte.

巴克没有发出任何声音，但狼却停下来听。

Der Wolf spürte etwas, spannte sich an und suchte die Dunkelheit ab.

感觉到了什么，狼紧张起来，搜寻着黑暗。

Buck schlich ins Blickfeld, mit gebeugtem Körper und ruhigen Füßen auf dem Boden.

巴克悄悄地出现在视野中，身体低垂，双脚静静地踩在地上。

Sein Schwanz war gerade, sein Körper vor Anspannung zusammengerollt.

他的尾巴笔直，身体因紧张而紧紧蜷缩着。

Er zeigte sowohl eine bedrohliche als auch eine Art raue Freundschaft.

他既表现出威胁，又表现出一种粗鲁的友谊。

Es war die vorsichtige Begrüßung, die wilde Tiere einander entgegenbrachten.

这是野兽之间谨慎的问候。

Aber der Wolf drehte sich um und floh, sobald er Buck sah.

但狼一看见巴克就转身逃跑了。

Buck nahm die Verfolgung auf und sprang wild um sich, begierig darauf, es einzuholen.

巴克疯狂地跳跃，追赶它，渴望追上它。

Er folgte dem Wolf in einen trockenen Bach, der durch einen Holzstau blockiert war.

他跟着狼走进了一条被木材堵塞的干涸小溪。

In die Enge getrieben, wirbelte der Wolf herum und blieb stehen.

狼被逼到绝境，转身站稳了脚跟。

Der Wolf knurrte und schnappte wie ein gefangener Husky im Kampf.

狼像一只在战斗中被困住的哈士奇犬一样，发出咆哮和撕咬的声音。

Die Zähne des Wolfes klickten schnell, sein Körper strotzte vor wilder Wut.

狼的牙齿快速咬合，身上充满狂野的怒火。

Buck griff nicht an, sondern umkreiste den Wolf mit vorsichtiger Freundlichkeit.

巴克没有发起攻击，而是小心翼翼地友好地绕着狼转圈。

Durch langsame, harmlose Bewegungen versuchte er, seine Flucht zu verhindern.

他试图通过缓慢、无害的动作来阻止自己逃跑。

Der Wolf war vorsichtig und verängstigt – Buck war dreimal so schwer wie er.

狼很警惕，也很害怕——巴克的体重是它的三倍。

Der Kopf des Wolfes reichte kaum bis zu Bucks massiver Schulter.

狼的头刚好够到巴克宽阔的肩膀。

Der Wolf hielt Ausschau nach einer Lücke, rannte los und die Jagd begann von neuem.

狼发现空隙后，拔腿就跑，追逐再次开始。

Buck drängte ihn mehrere Male in die Enge und der Tanz wiederholte sich.

巴克多次将他逼到角落，然后又重复同样的舞蹈。

Der Wolf war dünn und schwach, sonst hätte Buck ihn nicht fangen können.

这只狼又瘦又弱，否则巴克不可能抓住它。

Jedes Mal, wenn Buck näher kam, wirbelte der Wolf herum und sah ihn voller Angst an.

每当巴克靠近时，狼就会转身并惊恐地面对他。

Dann rannte er bei der ersten Gelegenheit erneut in den Wald.

然后，他一有机会，就再次冲进了树林。

Aber Buck gab nicht auf und schließlich fasste der Wolf Vertrauen zu ihm.

但巴克没有放弃，最终狼终于信任了他。

Er schnüffelte an Bucks Nase und die beiden wurden verspielt und aufmerksam.

他嗅了嗅巴克的鼻子，两只巴克变得嬉戏又警觉起来。

Sie spielten wie wilde Tiere, wild und doch schüchtern in ihrer Freude.

他们像野生动物一样玩耍，快乐时凶猛，但又害羞。

Nach einer Weile trabte der Wolf zielstrebig und ruhig davon.

过了一会儿，狼平静地小跑着走开了。

Er machte Buck deutlich, dass er beabsichtigte, verfolgt zu werden.

他清楚地向巴克表示他想要被跟踪。

Sie rannten Seite an Seite durch die Dämmerung.

他们并肩奔跑在暮色中。

Sie folgten dem Bachbett hinauf in die felsige Schlucht.

他们沿着河床走进岩石峡谷。

Sie überquerten eine kalte Wasserscheide, wo der Bach entsprungen war.

他们穿过了溪流起源处的寒冷分水岭。

Am gegenüberliegenden Hang fanden sie ausgedehnte Wälder und viele Bäche.

在远处的山坡上，他们发现了广阔的森林和许多溪流。

Durch dieses weite Land rannten sie stundenlang ohne Pause.

在这片广袤的土地上，他们不停地奔跑了几个小时。

Die Sonne stieg höher, die Luft wurde wärmer, aber sie rannten weiter.

太阳越来越高，天气越来越暖，但他们仍继续奔跑。

Buck war voller Freude – er wusste, dass er seiner Berufung folgte.

巴克心里充满了喜悦——

他知道他正在回应他的召唤。

Er rannte neben seinem Waldbruder her, näher an die Quelle des Rufs.

他跑到森林兄弟身边，靠近呼唤声的来源。

Alte Gefühle kehrten zurück, stark und schwer zu ignorieren.

旧日的感情又回来了，强烈而难以忽视。

Dies waren die Wahrheiten hinter den Erinnerungen aus seinen Träumen.

这就是他梦中记忆的真相。

All dies hatte er schon einmal in einer fernen, schattenhaften Welt getan.

他曾经在一个遥远而阴暗的世界里做过这一切。

Jetzt tat er es wieder und rannte wild herum, während der Himmel über ihm frei war.

现在他又这样做了，在开阔的天空下狂奔。

Sie hielten an einem Bach an, um aus dem kalten, fließenden Wasser zu trinken.

他们在一条小溪边停下来喝冰凉的流水。

Während er trank, erinnerte sich Buck plötzlich an John Thornton.

喝酒的时候，巴克突然想起了约翰·桑顿。

Er saß schweigend da, hin- und hergerissen zwischen der Anziehungskraft der Loyalität und der Berufung.

他默默地坐了下来，忠诚和使命的牵引让他心力交瘁

Der Wolf trabte weiter, kam aber zurück, um Buck anzutreiben.

狼继续小跑，但又回来催促巴克前进。

Er rümpfte die Nase und versuchte, ihn mit sanften Gesten zu beruhigen.

他嗅了嗅他的鼻子，并试图用温柔的动作哄他。

Aber Buck drehte sich um und machte sich auf den Rückweg.

但巴克却转身，沿着来时的路返回。

Der Wolf lief lange Zeit neben ihm her und winselte leise.

狼在他旁边跑了很久，小声地哀嚎着。

Dann setzte er sich hin, hob die Nase und stieß ein langes Heulen aus.

然后他坐下来，抬起鼻子，发出一声长长的嚎叫。

Es war ein trauriger Schrei, der leiser wurde, als Buck wegging.

这是一声悲伤的哭喊，随着巴克走开，哭喊声渐渐减弱了。

Buck lauschte, als der Schrei langsam in der Stille des Waldes verklang.

巴克听着哭喊声渐渐消失在森林的寂静中。

John Thornton aß gerade zu Abend, als Buck ins Lager stürmte.

当巴克冲进营地时，约翰·桑顿正在吃晚饭。

Buck sprang wild auf ihn zu, leckte, biss und warf ihn um.

巴克疯狂地向他扑来，舔他、咬他、把他推倒。

Er warf ihn um, kletterte darauf und küsste sein Gesicht.

他把他打倒，爬到他身上，亲吻他的脸。

Thornton nannte dies liebevoll „den allgemeinen Narren spielen".

桑顿深情地将此称为"愚弄大众"。

Die ganze Zeit verfluchte er Buck sanft und schüttelte ihn hin und her.

他一直轻轻地咒骂着巴克，并来回摇晃他。

Zwei ganze Tage und Nächte lang verließ Buck das Lager kein einziges Mal.

整整两天两夜，巴克一次也没有离开营地。

Er blieb in Thorntons Nähe und ließ ihn nie aus den Augen.

他一直跟在桑顿身边，从不让他离开自己的视线。

Er folgte ihm bei der Arbeit und beobachtete ihn beim Essen.

他跟着他干活，看着他吃饭。

Er begleitete Thornton abends in seine Decken und jeden Morgen wieder heraus.

他看到桑顿每天晚上钻进毯子里，早上又钻出毯子。

Doch bald kehrte der Ruf des Waldes zurück, lauter als je zuvor.

但很快森林的呼唤又回来了，而且比以前更加响亮。

Buck wurde wieder unruhig, aufgewühlt von Gedanken an den wilden Wolf.

巴克又开始焦躁起来，他一想到野狼就烦躁不安。

Er erinnerte sich an das offene Land und daran, wie sie Seite an Seite gelaufen waren.

他记得在开阔的土地上并肩奔跑。

Er begann erneut, allein und wachsam in den Wald zu wandern.

他再次独自一人，警惕地走进森林。

Aber der wilde Bruder kam nicht zurück und das Heulen war nicht zu hören.

可是野性兄弟没有回来，也没有听到嚎叫。

Buck begann, draußen zu schlafen und blieb tagelang weg.

巴克开始在外面睡觉，一次出去好几天。

Einmal überquerte er die hohe Wasserscheide, wo der Bach entsprungen war.

有一次，他越过了小溪源头处的高分水岭。

Er betrat das Land des dunklen Waldes und der breiten, fließenden Ströme.

他进入了一片有着深色木材和宽阔溪流的土地。

Eine Woche lang streifte er umher und suchte nach Spuren seines wilden Bruders.

他四处游荡了一周，寻找野生兄弟的踪迹。

Er tötete sein eigenes Fleisch und reiste mit langen, unermüdlichen Schritten.

他亲手宰杀了肉，然后迈着不知疲倦的长步前进。

Er fischte in einem breiten Fluss, der bis ins Meer reichte, nach Lachs.

他在一条流入大海的宽阔河流中捕捞鲑鱼。

Dort kämpfte er gegen einen von Insekten verrückt gewordenen Schwarzbären und tötete ihn.

在那里，他与一只被虫子逼疯的黑熊搏斗并杀死了它。

Der Bär war beim Angeln und rannte blind durch die Bäume.

这只熊一直在钓鱼，然后盲目地在树林里奔跑。

Der Kampf war erbittert und weckte Bucks tiefen Kampfgeist.

战斗十分激烈，唤醒了巴克深厚的战斗精神。

Als Buck zwei Tage später zurückkam, fand er Vielfraße an seiner Beute vor.

两天后，巴克回来发现狼獾正围着他的猎物。

Ein Dutzend von ihnen stritten sich lautstark und wütend um das Fleisch.

他们十几个人为了肉吵吵闹闹、争吵不休。

Buck griff an und zerstreute sie wie Blätter im Wind.

巴克冲了过来，把他们像风中的落叶一样吹散了。

Zwei Wölfe blieben zurück – still, leblos und für immer regungslos.

留下了两只狼——沉默、毫无生气、永远一动不动。

Der Blutdurst wurde stärker denn je.

对鲜血的渴望比以往任何时候都更加强烈。

Buck war ein Jäger, ein Killer, der sich von Lebewesen ernährte.

巴克是一名猎人、一名杀手，以活物为食。

Er überlebte allein und verließ sich auf seine Kraft und seine scharfen Sinne.

他依靠自己的力量和敏锐的感觉独自生存了下来。

Er gedieh in der Wildnis, wo nur die Zähesten überleben konnten.

他在野外茁壮成长，那里只有最坚强的人才能生存。

Daraus erwuchs ein großer Stolz, der Bucks ganzes Wesen erfüllte.

从此，一股巨大的自豪感油然而生，充满了巴克的整个身心。

Sein Stolz war in jedem seiner Schritte und in der Anspannung jedes einzelnen Muskels zu erkennen.

他的每一个脚步、每一块肌肉的波动都彰显着他的骄傲。

Sein Stolz war so deutlich wie seine Sprache und spiegelte sich in seiner Haltung wider.

他的骄傲就像言语一样明显，从他的举止中可以看出来。

Sogar sein dickes Fell sah majestätischer aus und glänzte heller.

就连他厚厚的皮毛也显得更加威严、更加闪亮。

Man hätte Buck mit einem riesigen Timberwolf verwechseln können.

巴克可能会被误认为是一只巨大的森林狼。

Außer dem Braun an seiner Schnauze und den Flecken über seinen Augen.

除了口鼻部是棕色的，眼睛上方有斑点。

Und der weiße Fellstreifen, der mitten auf seiner Brust verlief.

还有一条白色的毛发从他的胸部中央垂下来。

Er war sogar größer als der größte Wolf dieser wilden Rasse.

他甚至比那种凶猛品种中最大的狼还要大。

Sein Vater, ein Bernhardiner, verlieh ihm Größe und einen schweren Körperbau.

他的父亲是一只圣伯纳犬，赋予了他高大魁梧的体格

Seine Mutter, eine Schäferin, formte diesen Körper zu einer wolfsähnlichen Gestalt.

他的母亲是一位牧羊人，她将这个庞然大物塑造成了狼的形状。

Er hatte die lange Schnauze eines Wolfes, war allerdings schwerer und breiter.

他有着像狼一样的长嘴，但更重、更宽。

Sein Kopf war der eines Wolfes, aber von massiver, majestätischer Gestalt.

他的头是狼头，但体型巨大，威严雄伟。

Bucks List war die List des Wolfes und der Wildnis.

巴克的狡猾是狼的狡猾，是野性的狡猾。

Seine Intelligenz hat er sowohl vom Deutschen Schäferhund als auch vom Bernhardiner.

他的智力既来自德国牧羊犬，也来自圣伯纳犬。

All dies und harte Erfahrungen machten ihn zu einer furchterregenden Kreatur.

所有这些，再加上严酷的经历，使他成为一个可怕的生物。

Er war so furchterregend wie jedes andere Tier, das in der Wildnis des Nordens umherstreifte.

他和北方荒野中游荡的任何野兽一样强大。

Buck ernährte sich ausschließlich von Fleisch und erreichte den Höhepunkt seiner Kraft.

巴克只吃肉，体力就达到了顶峰。

Jede Faser seines Körpers strotzte vor Kraft und männlicher Stärke.

他的每一个细胞都充满着力量和男性的力量。

Als Thornton seinen Rücken streichelte, funkelten seine Haare vor Energie.

当桑顿抚摸他的背部时，他的毛发便闪烁着活力。

Jedes Haar knisterte, aufgeladen durch die Berührung lebendigen Magnetismus.

每根头发都发出噼啪声，充满了活生生的磁力。

Sein Körper und sein Gehirn waren auf die höchstmögliche Tonhöhe eingestellt.

他的身体和大脑已经调整到了最佳状态。

Jeder Nerv, jede Faser und jeder Muskel arbeitete in perfekter Harmonie.

每根神经、纤维和肌肉都完美地协调运作。

Auf jedes Geräusch oder jeden Anblick, der eine Aktion erforderte, reagierte er sofort.

对于任何需要采取行动的声音或景象，他都会立即做出反应。

Wenn ein Husky zum Angriff ansetzte, konnte Buck doppelt so schnell springen.

如果哈士奇跳起来攻击，巴克可以跳得快两倍。

Er reagierte schneller, als andere es sehen oder hören konnten.

他的反应比其他人看到或听到的还要快。

Wahrnehmung, Entscheidung und Handlung erfolgten alle in einem fließenden Moment.

感知、决策和行动都在一个流畅的时刻发生。

Tatsächlich geschahen diese Handlungen getrennt voneinander, aber zu schnell, um es zu bemerken.

事实上，这些行为是分开的，但速度太快而难以察觉

Die Abstände zwischen diesen Akten waren so kurz, dass
sie wie ein einziger Akt wirkten.
这些动作之间的间隔非常短暂，看起来就像一个动作
Seine Muskeln und sein Körper waren wie straff gespannte
Federn.
他的肌肉和身躯就像紧紧盘绕的弹簧一样。
Sein Körper strotzte vor Leben, wild und freudig in seiner
Kraft.
他的身体充满了生命力，充满狂野和快乐。
Manchmal hatte er das Gefühl, als würde die Kraft völlig
aus ihm herausbrechen.
有时他感觉力量就要从他体内完全爆发出来。
„So einen Hund hat es noch nie gegeben", sagte Thornton
eines ruhigen Tages.
"从来没有过这样的狗，"桑顿在一个平静的日子里
说道。
Die Partner sahen zu, wie Buck stolz aus dem Lager schritt.
伙伴们看着巴克骄傲地大步走出营地。
„Als er erschaffen wurde, veränderte er, was ein Hund sein
kann", sagte Pete.
皮特说：当他被创造出来时，他改变了狗的本质。
„Bei Gott! Das glaube ich auch", stimmte Hans schnell zu.
"天哪！我自己也这么认为，"汉斯很快就同意了。
Sie sahen ihn abmarschieren, aber nicht die Veränderung,
die danach kam.
他们看见他离开，却没有看到随后发生的变化。
Sobald er den Wald betrat, verwandelte sich Buck völlig.
一进入树林，巴克就完全变了样。
Er marschierte nicht mehr, sondern bewegte sich wie ein
wilder Geist zwischen den Bäumen.
他不再行进，而是像树林中的野鬼一样移动。
Er wurde still, katzenpfotenartig, ein Flackern, das durch die
Schatten huschte.
他变得沉默不语，脚步轻快，身影在阴影中闪动。

Er nutzte die Deckung geschickt und kroch wie eine Schlange auf dem Bauch.

他熟练地利用掩护，像蛇一样匍匐前进。

Und wie eine Schlange konnte er lautlos nach vorne springen und zuschlagen.

就像一条蛇，他可以悄无声息地向前跳跃并发起攻击

Er könnte ein Schneehuhn direkt aus seinem versteckten Nest stehlen.

他可以直接从隐藏的巢穴中偷走一只雷鸟。

Er tötete schlafende Kaninchen, ohne ein einziges Geräusch zu machen.

他悄无声息地杀死了熟睡的兔子。

Er konnte Streifenhörnchen mitten in der Luft fangen, wenn sie zu langsam flohen.

他可以在半空中抓住逃跑速度太慢的花栗鼠。

Selbst Fische in Teichen konnten seinen plötzlichen Angriffen nicht entkommen.

就连池塘里的鱼也无法逃脱他的突然袭击。

Nicht einmal schlaue Biber, die Dämme reparierten, waren vor ihm sicher.

甚至连修缮水坝的聪明海狸也无法逃脱他的攻击。

Er tötete, um Nahrung zu bekommen, nicht zum Spaß – aber seine eigene Beute gefiel ihm am besten.

他杀生是为了食物，而不是为了乐趣——
但他最喜欢自己杀死的猎物。

Dennoch war bei manchen seiner stillen Jagden ein hintergründiger Humor spürbar.

尽管如此，他的一些无声狩猎中仍流露出一种狡黠的幽默。

Er schlich sich dicht an Eichhörnchen heran, ließ sie aber dann entkommen.

他悄悄靠近松鼠，却让它们逃走了。

Sie wollten in die Bäume fliehen und schnatterten voller Angst und Empörung.

它们正要逃到树林里，一边发出恐惧和愤怒的声音。

Mit dem Herbst kamen immer mehr Elche.

随着秋天的到来，驼鹿的数量开始增多。

Sie zogen langsam in die tiefer gelegenen Täler, um dem Winter entgegenzukommen.

它们慢慢地迁入低谷，度过冬天。

Buck hatte bereits ein junges, streunendes Kalb erlegt.

巴克已经捕获了一头迷路的小牛犊。

Doch er sehnte sich danach, einer größeren, gefährlicheren Beute gegenüberzutreten.

但他渴望面对更大、更危险的猎物。

Eines Tages fand er an der Wasserscheide, an der Quelle des Baches, seine Chance.

有一天，在分水岭上，在小溪的源头，他找到了机会

Eine Herde von zwanzig Elchen war aus bewaldeten Gebieten herübergekommen.

一群二十头驼鹿从森林地带走过来。

Unter ihnen war ein mächtiger Stier, der Anführer der Gruppe.

其中有一头威武的公牛，它是这群公牛的首领。

Der Bulle war über ein Meter achtzig Meter groß und sah grimmig und wild aus.

这头公牛身高超过六英尺，看上去凶猛而狂野。

Er warf sein breites Geweih hin und her, dessen vierzehn Enden sich nach außen verzweigten.

他摇晃着宽大的鹿角，十四个角向外分叉。

Die Spitzen dieser Geweihe hatten einen Durchmesser von sieben Fuß.

这些鹿角的尖端长达七英尺。

Seine kleinen Augen brannten vor Wut, als er Buck in der Nähe entdeckte.

当他发现巴克在附近时，他的小眼睛里燃起了愤怒的火焰。

Er stieß ein wütendes Brüllen aus und zitterte vor Wut und Schmerz.

他发出一声愤怒的咆哮，因愤怒和痛苦而颤抖。

Nahe seiner Flanke ragte eine gefiederte und scharfe
Pfeilspitze hervor.

一支箭尖从他的侧腹附近伸出，呈羽毛状，十分锋利
。

Diese Wunde trug dazu bei, seine wilde, verbitterte
Stimmung zu erklären.

这处伤口解释了他野蛮、痛苦的情绪。

Buck, geleitet von seinem uralten Jagdinstinkt, machte
seinen Zug.

巴克在古老的狩猎本能的指引下采取了行动。

Sein Ziel war es, den Bullen vom Rest der Herde zu trennen.

他的目的是将这头公牛与其他牛群区分开。

Dies war keine leichte Aufgabe – es erforderte Schnelligkeit
und messerscharfe List.

这不是一件容易的事——它需要速度和敏锐的智慧。

Er bellte und tanzte in der Nähe des Stiers, gerade außerhalb
seiner Reichweite.

他在公牛附近吠叫并跳舞，但刚好超出了它的射程。

Der Elch stürzte sich mit riesigen Hufen und tödlichem
Geweih auf ihn.

驼鹿用巨大的蹄子和致命的鹿角猛扑过来。

Ein Schlag hätte Bucks Leben im Handumdrehen beenden
können.

一次打击就可能瞬间结束巴克的生命。

Der Stier konnte die Bedrohung nicht hinter sich lassen und
wurde wütend.

公牛无法摆脱威胁，变得疯狂。

Er stürmte wütend auf ihn zu, doch Buck entkam ihm jedes
Mal.

他愤怒地冲锋，但巴克总是溜走。

Buck täuschte Schwäche vor und lockte ihn weiter von der
Herde weg.

巴克假装虚弱，引诱他远离牛群。

Doch die jungen Bullen wollten zurückstürmen, um den
Anführer zu beschützen.

但年轻的公牛会冲回来保护领头牛。

Sie zwangen Buck zum Rückzug und den Bullen, sich wieder der Gruppe anzuschließen.

他们迫使巴克撤退，并迫使公牛重新加入群体。

In der Wildnis herrscht eine tiefe und unaufhaltsame Geduld.

野性中蕴藏着一种忍耐，深沉而不可阻挡。

Eine Spinne wartet unzählige Stunden bewegungslos in ihrem Netz.

一只蜘蛛在网中一动不动地等待了无数个小时。

Eine Schlange rollt sich ohne zu zucken zusammen und wartet, bis es Zeit ist.

蛇盘绕着身体，不抽搐，等待时机成熟。

Ein Panther liegt auf der Lauer, bis der Moment gekommen ist.

一只豹子埋伏着，等待时机到来。

Dies ist die Geduld von Raubtieren, die jagen, um zu überleben.

这是为了生存而狩猎的掠食者的耐心。

Dieselbe Geduld brannte in Buck, als er in seiner Nähe blieb.

当巴克靠近他时，他的心里也燃烧着同样的耐心。

Er blieb in der Nähe der Herde, verlangsamte ihren Marsch und schürte Angst.

他待在牛群附近，减缓牛群的行进速度并引起恐惧。

Er ärgerte die jungen Bullen und schikanierte die Mutterkühe.

他戏弄小公牛并骚扰母牛。

Er trieb den verwundeten Stier in eine noch tiefere, hilflose Wut.

他让受伤的公牛陷入更深的、无助的狂怒之中。

Einen halben Tag lang zog sich der Kampf ohne Pause hin.

足足有半天的时间，战斗一直持续着，没有丝毫的停歇。

Buck griff aus jedem Winkel an, schnell und wild wie der Wind.

巴克从各个角度发起攻击，速度快如风，凶猛如风。

Er hinderte den Stier daran, sich auszuruhen oder sich bei seiner Herde zu verstecken.

他阻止公牛休息或与牛群一起躲藏。

Buck zermürbte den Willen des Elchs schneller als seinen Körper.

巴克消灭驼鹿的意志比消灭它的身体的速度还快。

Der Tag verging und die Sonne sank tief am nordwestlichen Himmel.

一天过去了，太阳低低地沉入西北的天空。

Die jungen Bullen kehrten langsamer zurück, um ihrem Anführer zu helfen.

年轻的公牛慢慢地返回去帮助它们的首领。

Die Herbstnächte waren zurückgekehrt und die Dunkelheit dauerte nun sechs Stunden.

秋夜又回来了，黑暗持续了六个小时。

Der Winter drängte sie bergab in sicherere, wärmere Täler.

冬天迫使他们下山，进入更安全、更温暖的山谷。

Aber sie konnten dem Jäger, der sie zurückhielt, immer noch nicht entkommen.

但他们仍然无法逃脱阻止他们的猎人。

Es stand nur ein Leben auf dem Spiel – nicht das der Herde, sondern nur das ihres Anführers.

只有一个人的生命受到威胁——

不是牛群的生命，而是牛群首领的生命。

Dadurch wurde die Bedrohung in weite Ferne gerückt und ihre dringende Sorge wurde aufgehoben.

这使得威胁变得遥远，不再是他们迫切需要关注的问题。

Mit der Zeit akzeptierten sie diesen Preis und überließen Buck die Übernahme des alten Bullen.

最终，他们接受了这个代价并让巴克带走了这头老公牛。

Als die Dämmerung hereinbrach, stand der alte Bulle mit gesenktem Kopf da.

暮色降临，老公牛低着头站着。

Er sah zu, wie die Herde, die er geführt hatte, im schwindenden Licht verschwand.

他看着自己带领的牛群消失在渐渐暗淡的光线中。

Es gab Kühe, die er gekannt hatte, Kälber, deren Vater er einst gewesen war.

那里有他认识的母牛，也有他曾经养育过的小牛。

Es gab jüngere Bullen, gegen die er in vergangenen Saisons gekämpft und die er beherrscht hatte.

在过去的几个季节里，他曾与一些年轻的公牛搏斗并获胜。

Er konnte ihnen nicht folgen, denn vor ihm kauerte Buck wieder.

他无法跟随他们——因为巴克又蹲在他面前。

Der gnadenlose Schrecken mit den Reißzähnen versperrte ihm jeden Weg.

这只长着无情尖牙的恐怖怪物挡住了他的每一条路。

Der Bulle brachte mehr als drei Zentner geballte Kraft auf die Waage.

这头公牛体重超过三百磅，蕴含着强大的力量。

Er hatte ein langes Leben geführt und in einer Welt voller Kämpfe hart gekämpft.

他活了很久，并在充满斗争的世界中努力奋斗。

Doch nun, am Ende, kam der Tod von einem Tier, das weit unter ihm stand.

然而现在，最终，死亡却来自远在他之下的野兽。

Bucks Kopf erreichte nicht einmal die riesigen, mit Knöcheln besetzten Knie des Bullen.

巴克的头甚至没有抬到公牛巨大的膝盖。

Von diesem Moment an blieb Buck Tag und Nacht bei dem Bullen.

从那一刻起，巴克就日夜和公牛呆在一起。

Er gönnte ihm keine Ruhe, erlaubte ihm nie zu grasen oder zu trinken.

他从不让他休息，从不让他吃草或喝水。

Der Stier versuchte, junge Birkentriebe und Weidenblätter zu fressen.

公牛试图吃嫩桦树芽和柳树叶。

Aber Buck verjagte ihn, immer wachsam und immer angreifend.

但巴克把他赶走了，他始终保持警惕，不断发起攻击

Sogar an plätschernden Bächen blockte Buck jeden durstigen Versuch ab.

即使在涓涓细流旁，巴克也会阻止每一次口渴的尝试

Manchmal floh der Stier aus Verzweiflung mit voller Geschwindigkeit.

有时，公牛绝望了，会全速逃跑。

Buck ließ ihn laufen und lief ruhig direkt hinter ihm her, nie weit entfernt.

巴克让他跑，自己则在后面平静地奔跑，不远离。

Als der Elch innehielt, legte sich Buck hin, blieb aber bereit.

当驼鹿停下来时，巴克躺下，但仍保持准备状态。

Wenn der Bulle versuchte zu fressen oder zu trinken, schlug Buck mit voller Wut zu.

如果公牛试图吃东西或喝水，巴克就会愤怒地攻击它
。

Der große Kopf des Stiers sank tiefer unter sein gewaltiges Geweih.

公牛的大脑袋在巨大的鹿角下低垂着。

Sein Tempo verlangsamte sich, der Trab wurde schwerfällig, ein stolpernder Schritt.

他的步伐慢了下来，小跑变得沉重，步履蹒跚。

Er stand oft still mit hängenden Ohren und der Nase am Boden.

他经常静静地站着，耳朵和鼻子耷拉在地上。

In diesen Momenten nahm sich Buck Zeit zum Trinken und Ausruhen.

在那些时刻，巴克会花时间喝水和休息。

Mit heraushängender Zunge und starrem Blick spürte Buck, wie sich das Land veränderte.

巴克伸出舌头，双眼凝视，感觉到土地正在发生变化

Er spürte, wie sich etwas Neues durch den Wald und den Himmel bewegte.

他感觉到森林和天空中有一些新的东西在移动。

Mit der Rückkehr der Elche kehrten auch andere Wildtiere zurück.

随着驼鹿的回归，其他野生动物也随之回归。

Das Land fühlte sich lebendig an, mit einer Präsenz, die man nicht sieht, aber deutlich wahrnimmt.

这片土地充满生机，虽然看不见，却又为人熟知。

Buck wusste dies weder am Geräusch, noch am Anblick oder am Geruch.

巴克并不是通过声音、视觉或嗅觉知道这一点的。

Ein tieferes Gefühl sagte ihm, dass neue Kräfte im Gange waren.

一种更深层次的感觉告诉他，新的力量正在行动。

In den Wäldern und entlang der Bäche herrschte seltsames Leben.

奇异的生命在树林和溪流间活跃起来。

Er beschloss, diesen Geist zu erforschen, nachdem die Jagd beendet war.

狩猎结束后，他决定探索这个灵魂。

Am vierten Tag erlegte Buck endlich den Elch.

第四天，巴克终于把驼鹿打倒了。

Er blieb einen ganzen Tag und eine ganze Nacht bei der Beute, fraß und ruhte sich aus.

他在猎物旁边呆了一整天一夜，进食、休息。

Er aß, schlief dann und aß dann wieder, bis er stark und satt war.

他吃饭、睡觉，然后再吃饭，直到他强壮、饱足。

Als er fertig war, kehrte er zum Lager und nach Thornton zurück.

当他准备好时，他转身返回营地和桑顿。

Mit gleichmäßigem Tempo begann er die lange Heimreise.

他迈着稳健的步伐，开始了漫长的归途。

Er rannte in seinem unermüdlichen Galopp Stunde um Stunde, ohne auch nur ein einziges Mal vom Weg abzukommen.

他不知疲倦地奔跑，一个小时又一个小时，从未走失。

Durch unbekannte Länder bewegte er sich schnurgerade wie eine Kompassnadel.

在穿越未知的土地时，他像指南针一样笔直地前进。

Sein Orientierungssinn ließ Mensch und Karte im Vergleich schwach erscheinen.

相比之下，他的方向感让人类和地图都显得无力。

Während Buck rannte, spürte er die Bewegung in der Wildnis stärker.

巴克越跑，就越强烈地感受到荒野的骚动。

Es war eine neue Art zu leben, anders als in den ruhigen Sommermonaten.

这是一种新的生活，不同于平静的夏季生活。

Dieses Gefühl kam nicht länger als subtile oder entfernte Botschaft.

这种感觉不再是一种微妙或遥远的信息。

Nun sprachen die Vögel von diesem Leben und Eichhörnchen plapperten darüber.

现在鸟儿们谈论着这种生活，松鼠们也喋喋不休地谈论着它。

Sogar die Brise flüsterte Warnungen durch die stillen Bäume.

甚至连微风在寂静的树林间低声发出警告。

Mehrmals blieb er stehen und schnupperte die frische Morgenluft.

他多次停下来，呼吸着早晨的新鲜空气。

Dort las er eine Nachricht, die ihn schneller nach vorne springen ließ.

他在那里读了一条信息，这让他向前跳跃得更快了。

Ein starkes Gefühl der Gefahr erfüllte ihn, als wäre etwas schiefgelaufen.

一种浓重的危机感弥漫在他的心头，仿佛有什么事情出了差错。

Er befürchtete, dass ein Unglück bevorstünde – oder bereits eingetreten war.

他担心灾难即将来临——或者已经来临。

Er überquerte den letzten Bergrücken und betrat das darunterliegende Tal.

他越过最后一座山脊，进入了下面的山谷。

Er bewegte sich langsamer und war bei jedem Schritt aufmerksamer und vorsichtiger.

他走得更慢了，每一步都警惕而谨慎。

Drei Meilen weiter fand er eine frische Spur, die ihn erstarren ließ.

走出三英里后，他发现了一条新鲜的小路，这让他感到一阵僵硬。

Die Haare in seinem Nacken stellten sich auf und sträubten sich vor Schreck.

他脖子上的毛发惊恐地竖了起来。

Die Spur führte direkt zum Lager, wo Thornton wartete.

这条小路笔直通向桑顿等候的营地。

Buck bewegte sich jetzt schneller, seine Schritte waren lautlos und schnell zugleich.

巴克现在走得更快了，他的步伐既安静又迅速。

Seine Nerven lagen blank, als er Zeichen las, die andere überschen würden.

当他看到别人可能忽略的迹象时，他的神经变得紧张起来。

Jedes Detail der Spur erzählte eine Geschichte – außer dem letzten Stück.

小径上的每一个细节都讲述着一个故事——
除了最后一段。

Seine Nase erzählte ihm von dem Leben, das hier vorbeigezogen war.

他的鼻子告诉他这条路上过去的生活。

Der Duft vermittelte ihm ein wechselndes Bild, als er dicht hinter ihm folgte.

当他紧随其后时，气味使他看到了不断变化的画面。

Doch im Wald selbst war es still geworden, unnatürlich still.

但森林本身却变得安静，异常安静。

Die Vögel waren verschwunden, die Eichhörnchen hatten sich versteckt, waren still und ruhig.

鸟儿消失了，松鼠也躲了起来，静静地。

Er sah nur ein einziges Grauhörnchen, das flach auf einem toten Baum lag.

他只看到一只灰松鼠趴在一棵枯树上。

Das Eichhörnchen fügte sich steif und reglos in den Wald ein.

松鼠融入其中，僵硬而一动不动，就像森林的一部分

Buck bewegte sich wie ein Schatten, lautlos und sicher durch die Bäume.

巴克像影子一样移动，悄无声息、坚定地穿过树林。

Seine Nase zuckte zur Seite, als würde sie von einer unsichtbaren Hand gezogen.

他的鼻子猛地向一侧歪去，仿佛被一只看不见的手拉扯着。

Er drehte sich um und folgte der neuen Spur tief in ein Dickicht hinein.

他转身，循着新的气味走进了灌木丛深处。

Dort fand er Nig tot daliegend, von einem Pfeil durchbohrt.

他发现尼格躺在那里死了，身上被箭射穿。

Der Schaft durchdrang seinen Körper, die Federn waren noch zu sehen.

箭杆穿透了他的身体，羽毛仍然露出。

Nig hatte sich dorthin geschleppt, war jedoch gestorben, bevor er Hilfe erreichen konnte.

尼格拖着自己到达那里，但在得到救援之前就死了。

Hundert Meter weiter fand Buck einen weiteren Schlittenhund.

再往前走一百码，巴克发现了另一只雪橇犬。

Es war ein Hund, den Thornton in Dawson City gekauft hatte.

这是桑顿在道森市买回来的一只狗。

Der Hund befand sich in einem tödlichen Kampf und schlug heftig auf dem Weg um sich.

这只狗正在进行殊死挣扎，在路上拼命挣扎。

Buck ging um ihn herum, blieb nicht stehen und richtete den Blick nach vorne.

巴克从他身边走过，没有停留，眼睛直视前方。

Aus Richtung des Lagers ertönte in der Ferne ein rhythmischer Gesang.

从营地方向传来一阵遥远而有节奏的吟唱声。

Die Stimmen schwoll in einem seltsamen, unheimlichen Singsangton an und ab.

声音以一种奇怪、怪异、唱歌般的音调响起又落下。

Buck kroch schweigend zum Rand der Lichtung.

巴克默默地爬到空地的边缘。

Dort sah er Hans mit dem Gesicht nach unten liegen, von vielen Pfeilen durchbohrt.

他看到汉斯面朝下躺着，身上中了许多箭。

Sein Körper sah aus wie der eines Stachelschweins und war mit gefiederten Schäften bestückt.

他的身体看上去像一只豪猪，身上长满了羽毛。

Im selben Moment blickte Buck in Richtung der zerstörten Hütte.

与此同时，巴克看向了那间被毁坏的小屋。

Bei diesem Anblick stellten sich ihm die Nacken- und Schulterhaare auf.

这一幕让他脖子和肩膀上的汗毛都竖了起来。

Ein Sturm wilder Wut durchfuhr Bucks ganzen Körper.

狂暴的怒火席卷了巴克的全身。

Er knurrte laut, obwohl er nicht wusste, dass er es getan hatte.

他大声咆哮，尽管他不知道自己已经咆哮了。

Der Klang war rau, erfüllt von furchterregender, wilder Wut.

那声音很生硬，充满了恐怖、野蛮的愤怒。

Zum letzten Mal in seinem Leben verlor Buck den Verstand und die Gefühle.

巴克一生中最后一次失去了理智，被情感所笼罩。

Es war die Liebe zu John Thornton, die seine sorgfältige Kontrolle brach.

正是对约翰·桑顿的爱打破了他小心翼翼的控制。

Die Yeehats tanzten um die zerstörte Fichtenhütte.

伊哈特人正在被毁坏的云杉小屋周围跳舞。

Dann ertönte ein Brüllen – und ein unbekanntes Tier stürmte auf sie zu.

随后传来一声咆哮——

一只不知名的野兽向他们冲来。

Es war Buck, eine aufbrausende Furie, ein lebendiger Sturm der Rache.

那是巴克；是一股正在运动的狂怒；是一场活生生的复仇风暴。

Wahnsinnig vor Tötungsdrang stürzte er sich mitten unter sie.

他冲进他们中间，疯狂地想要杀戮。

Er sprang auf den ersten Mann, den Yeehat-Häuptling, und traf zielsicher.

他向第一个人，也就是 Yeehat 酋长，猛扑过去，击中了他。

Seine Kehle war aufgerissen und Blut spritzte in einem Strom.

他的喉咙被撕开，鲜血喷涌而出。

Buck blieb nicht stehen, sondern riss dem nächsten Mann mit einem Sprung die Kehle durch.

巴克没有停下来，而是一跃而起，撕开了下一个人的喉咙。

Er war nicht aufzuhalten – er riss, schlug und machte nie eine Pause, um sich auszuruhen.

他势不可挡——不断撕扯、砍杀，永不停歇。

Er schoss und sprang so schnell, dass ihre Pfeile ihn nicht treffen konnten.

他飞快地冲刺，以至于他们的箭无法射到他。

Die Yeehats waren in ihrer eigenen Panik und Verwirrung gefangen.

耶哈特人也陷入了自己的恐慌和困惑之中。

Ihre Pfeile verfehlten Buck und trafen stattdessen einander.

他们的箭没有射中巴克，而是射中了彼此。

Ein Jugendlicher warf einen Speer nach Buck und traf einen anderen Mann.

一名年轻人向巴克扔了一支长矛，并击中了另一个人

Der Speer durchbohrte seine Brust und die Spitze durchbohrte seinen Rücken.

长矛刺穿了他的胸膛，矛尖刺穿了他的后背。

Die Yeehats wurden von Panik erfasst und zogen sich umgehend zurück.

恐惧席卷了耶哈特人，他们全线撤退。

Sie schrien vor dem bösen Geist und flohen in die Schatten des Waldes.

他们尖叫着害怕恶魔并逃进了森林的阴影中。

Buck war wirklich wie ein Dämon, als er die Yeehats jagte.

确实，当巴克追击耶哈特人时，他就像一个恶魔。

Er raste hinter ihnen durch den Wald her und erlegte sie wie Rehe.

他穿过森林追赶他们，像猎杀鹿一样将他们击倒。

Für die verängstigten Yeehats wurde es ein Tag des Schicksals und des Terrors.

对于惊恐万分的耶哈特人来说，这一天成为了命运和恐怖的一天。

Sie zerstreuten sich über das Land und flohen in alle Richtungen.

他们四散逃窜，逃往各地。

Eine ganze Woche verging, bevor sich die letzten
Überlebenden in einem Tal trafen.

整整一周后，最后的幸存者在山谷中相遇。

Erst dann zählten sie ihre Verluste und sprachen über das
Geschehene.

直到那时，他们才计算自己的损失并讲述所发生的事
情。

Nachdem Buck die Jagd satt hatte, kehrte er zum zerstörten
Lager zurück.

巴克追逐累了之后，返回了被毁坏的营地。

Er fand Pete, noch in seine Decken gehüllt, getötet beim
ersten Angriff.

他发现皮特还盖着毯子，在第一次袭击中丧生。

Spuren von Thorntons letztem Kampf waren im Dreck in
der Nähe zu sehen.

附近的泥土上留下了桑顿最后一次挣扎的痕迹。

Buck folgte jeder Spur und erschnüffelte jede Markierung
bis zum letzten Punkt.

巴克跟踪着每一条踪迹，嗅探着每一个痕迹，直到找
到最终的点。

Am Rand eines tiefen Teichs fand er den treuen Skeet, der
still dalag.

在一个深水池边，他发现忠实的斯基特一动不动地躺
着。

Skeets Kopf und Vorderpfoten lagen regungslos im Wasser,
er lag tot da.

斯基特的头和前爪浸在水中，一动不动，一命呜呼。

Der Teich war schlammig und durch das Abwasser aus den
Schleusenkästen verunreinigt.

水池很泥泞，被水闸箱里的径流污染了。

Seine trübe Oberfläche verbarg, was darunter lag, aber Buck
kannte die Wahrheit.

阴云密布的表面掩盖了其下的东西，但巴克知道真相
。

Er folgte Thorntons Spur bis in den Pool – doch die Spur führte nirgendwo anders hin.

他循着桑顿的气味来到水池里——
但是这气味却没有指向别处。

Es gab keinen Geruch, der hinausführte – nur die Stille des tiefen Wassers.

没有散发出任何气味——只有深水的寂静。

Den ganzen Tag blieb Buck in der Nähe des Teichs und ging voller Trauer im Lager auf und ab.

巴克整天待在水池附近，悲伤地在营地里踱步。

Er wanderte ruhelos umher oder saß regungslos da, in tiefe Gedanken versunken.

他或焦躁不安地徘徊，或静静地坐着，陷入沉思。

Er kannte den Tod, das Ende des Lebens, das Verschwinden aller Bewegung.

他知道死亡；生命的终结；一切运动的消失。

Er verstand, dass John Thornton weg war und nie wieder zurückkehren würde.

他知道约翰·桑顿已经走了，永远不会回来了。

Der Verlust hinterließ eine Leere in ihm, die wie Hunger pochte.

失去让他心里空落落的，像饥饿一样悸动。

Doch dieser Hunger konnte durch Essen nicht gestillt werden, egal, wie viel er aß.

但这是一种食物无法缓解的饥饿，无论他吃多少。

Manchmal, wenn er die toten Yeehats ansah, ließ der Schmerz nach.

有时，当他看到死去的伊哈特人时，痛苦就消失了。

Und dann stieg ein seltsamer Stolz in ihm auf, wild und vollkommen.

然后，他内心深处升起一股奇怪的骄傲，强烈而彻底。

Er hatte den Menschen getötet, das höchste und gefährlichste Wild von allen.

他杀死了人类，这是最高级、最危险的游戏。

Er hatte unter Missachtung des alten Gesetzes von Keule und Reißzahn getötet.

他违反了棍棒和尖牙的古老法则而杀人。

Buck schnüffelte neugierig und nachdenklich an ihren leblosen Körpern.

巴克好奇而又若有所思地嗅着它们毫无生气的身体。

Sie waren so leicht gestorben – viel leichter als ein Husky in einem Kampf.

他们死得太容易了——比打架的哈士奇死得还容易。

Ohne ihre Waffen waren sie weder wirklich stark noch stellten sie eine Bedrohung dar.

没有武器，他们就没有真正的力量或威胁。

Buck würde sie nie wieder fürchten, es sei denn, sie wären bewaffnet.

巴克再也不会害怕他们了，除非他们带着武器。

Nur wenn sie Keulen, Speere oder Pfeile trugen, war er vorsichtig.

只有当他们携带棍棒、长矛或箭时他才会小心。

Die Nacht brach herein und ein Vollmond stieg hoch über die Baumwipfel.

夜幕降临，一轮圆月高高地升起在树梢之上。

Das blasse Licht des Mondes tauchte das Land in einen sanften, geisterhaften Schein wie am Tag.

月亮的苍白光芒笼罩着大地，使大地笼罩在柔和、幽灵般的光芒之中，如同白昼。

Als die Nacht hereinbrach, trauerte Buck noch immer am stillen Teich.

夜色越来越深，巴克依然在寂静的水池边哀悼。

Dann bemerkte er eine andere Regung im Wald.

然后他意识到森林里有不一样的动静。

Die Aufregung kam nicht von den Yeehats, sondern von etwas Älterem und Tieferem.

这种激动并非来自耶哈特人，而是来自某种更古老、更深层次的东西。

Er stand auf, spitzte die Ohren und prüfte vorsichtig mit der Nase die Brise.

他站起来，竖起耳朵，用鼻子仔细地感受着微风。

Aus der Ferne ertönte ein schwacher, scharfer Aufschrei, der die Stille durchbrach.

远处传来一声微弱而尖锐的尖叫，划破了寂静。

Dann folgte dicht auf den ersten ein Chor ähnlicher Schreie.

紧接着，又是一阵类似的哭喊声。

Das Geräusch kam näher und wurde mit jedem Augenblick lauter.

声音越来越近，而且越来越大。

Buck kannte diesen Schrei – er kam aus dieser anderen Welt in seiner Erinnerung.

巴克熟悉这声叫喊——
它来自他记忆中的另一个世界。

Er ging in die Mitte des offenen Platzes und lauschte aufmerksam.

他走到空地中央，仔细聆听。

Der Ruf ertönte vielstimmig und kraftvoller denn je.

号召响起，引起了广泛关注，并且比以往任何时候都更加强大。

Und jetzt war Buck mehr denn je bereit, seiner Berufung zu folgen.

现在，巴克比以往任何时候都更愿意响应他的召唤。

John Thornton war tot und hatte keine Bindung mehr an die Menschheit.

约翰·桑顿已经死了，他与人类的联系已不复存在。

Der Mensch und alle menschlichen Ansprüche waren verschwunden – er war endlich frei.

人类和所有人类的权利都消失了——他终于自由了。

Das Wolfsrudel jagte Fleisch, wie es einst die Yeehats getan hatten.

狼群像耶哈特人曾经做的那样追逐肉食。

Sie waren Elchen aus den Waldgebieten gefolgt.

他们跟着驼鹿从林地下来。

Nun überquerten sie, wild und hungrig nach Beute, sein Tal.
现在，它们变得狂野，渴望猎物，于是进入了他的山谷。

Sie kamen auf die mondbeschienene Lichtung und flossen wie silbernes Wasser.
他们来到月光下的空地上，像银色的水一样流淌。

Buck stand regungslos in der Mitte und wartete auf sie.
巴克静静地站在中心，一动不动地等待着他们。

Seine ruhige, große Präsenz versetzte das Rudel in Erstaunen und ließ es kurz verstummen.
他平静而高大的身影让狼群陷入短暂的沉默。

Dann sprang der kühnste Wolf ohne zu zögern direkt auf ihn zu.
然后，最大胆的狼毫不犹豫地直接向他扑来。

Buck schlug schnell zu und brach dem Wolf mit einem einzigen Schlag das Genick.
巴克迅速出击，一击就折断了狼的脖子。

Er stand wieder regungslos da, während der sterbende Wolf sich hinter ihm wand.
当垂死的狼在他身后扭动时，他再次一动不动地站着。

Drei weitere Wölfe griffen schnell nacheinander an.
又有三只狼迅速发动了攻击，一只接一只。

Jeder von ihnen zog sich blutend zurück, die Kehle oder die Schultern waren aufgeschlitzt.
他们每个人都流着血撤退，喉咙或肩膀被割破。

Das reichte aus, um das ganze Rudel zu einem wilden Angriff zu provozieren.
这足以引发整个狼群的疯狂冲锋。

Sie stürmten gemeinsam hinein, waren zu eifrig und zu dicht gedrängt, um einen guten Schlag zu erzielen.
他们一起冲了进来，因为太急切和拥挤而无法进行有效打击。

Dank seiner Schnelligkeit und Geschicklichkeit war Buck in der Lage, dem Angriff immer einen Schritt voraus zu sein.

巴克的速度和技巧使他在进攻中保持领先。

Er drehte sich auf seinen Hinterbeinen und schnappte und schlug in alle Richtungen.

他用后腿旋转，向各个方向猛击和攻击。

Für die Wölfe schien es, als ob seine Verteidigung nie geöffnet oder ins Wanken geraten wäre.

对于狼队来说，这看起来就像他的防守从未打开或动摇过。

Er drehte sich um und schlug so schnell zu, dass sie nicht hinter ihn gelangen konnten.

他转身猛砍，速度之快让他们根本无法追上他。

Dennoch zwang ihn ihre Übermacht zum Nachgeben und Zurückweichen.

尽管如此，敌军人数众多，迫使他退却。

Er ging am Teich vorbei und hinunter in das steinige Bachbett.

他穿过水池，来到岩石河床。

Dort stieß er auf eine steile Böschung aus Kies und Erde.

在那里，他遇到了一处陡峭的砾石和泥土堤岸。

Er ist bei den alten Grabungen der Bergleute in einen Eckeinschnitt geraten.

他挤进了矿工们以前挖掘时挖出的一个角落。

Jetzt war Buck von drei Seiten geschützt und stand nur noch dem vorderen Wolf gegenüber.

现在，巴克受到了三面保护，只需面对最前面的狼。

Dort stand er in der Enge, bereit für die nächste Angriffswelle.

他在那里坚守阵地，准备迎接下一波攻击。

Buck blieb so hartnäckig standhaft, dass die Wölfe zurückwichen.

巴克死命坚守阵地，狼群都向后退缩了。

Nach einer halben Stunde waren sie erschöpft und sichtlich besiegt.

半小时后，他们已经筋疲力尽，明显失败了。

Ihre Zungen hingen heraus, ihre weißen Reißzähne glänzten im Mondlicht.

它们的舌头伸出来，白色的尖牙在月光下闪闪发光。

Einige Wölfe legten sich mit erhobenem Kopf hin und spitzten die Ohren in Richtung Buck.

一些狼躺下，抬起头，竖起耳朵看着巴克。

Andere standen still, waren wachsam und beobachteten jede seiner Bewegungen.

其他人则站着不动，警惕地注视着他的一举一动。

Einige gingen zum Pool und schlürften kaltes Wasser.

一些人漫步到水池边，舔着冷水。

Dann schlich ein großer, schlanker grauer Wolf sanft heran.

然后，一只瘦长的灰狼温和地爬了过来。

Buck erkannte ihn – es war der wilde Bruder von vorhin.

巴克认出了他——他就是之前的那个野蛮兄弟。

Der graue Wolf winselte leise und Buck antwortete mit einem Winseln.

灰狼轻轻地哀嚎了一声，巴克也用哀嚎回应。

Sie berührten ihre Nasen, leise und ohne Drohung oder Angst.

他们轻轻地碰了碰鼻子，没有任何威胁或恐惧。

Als nächstes kam ein älterer Wolf, hager und von vielen Kämpfen gezeichnet.

接下来是一只年长的狼，它因多次战斗而憔悴不堪，身上满是伤疤。

Buck wollte knurren, hielt aber inne und schnüffelte an der Nase des alten Wolfes.

巴克开始咆哮，但停下来嗅了嗅老狼的鼻子。

Der Alte setzte sich, hob die Nase und heulte den Mond an.

老的那只坐下来，扬起鼻子，对着月亮嚎叫。

Der Rest des Rudels setzte sich und stimmte in das langgezogene Heulen ein.

其余的狼也坐下来，加入长嚎。

Und nun ertönte der Ruf an Buck, unmissverständlich und stark.

现在，巴克收到了一个明确而强烈的呼唤。

Er setzte sich, hob den Kopf und heulte mit den anderen.

他坐下来，抬起头，和其他人一起嚎叫。

Als das Heulen aufhörte, trat Buck aus seinem felsigen Unterschlupf.

当嚎叫声结束时，巴克走出了岩石庇护所。

Das Rudel umringte ihn und beschnüffelte ihn zugleich freundlich und vorsichtig.

狼群围住了他，既友善又警惕地嗅着他的气息。

Dann stießen die Anführer einen lauten Schrei aus und rannten in den Wald.

然后领头的那群狼大叫一声，冲进了森林。

Die anderen Wölfe folgten und jaulten im Chor, wild und schnell in der Nacht.

其他狼也紧随其后，齐声嚎叫，在夜色中狂野而迅速

Buck rannte mit ihnen, neben seinem wilden Bruder her, und heulte dabei.

巴克和他们一起奔跑，在他那野性的兄弟旁边，一边跑一边嚎叫。

Hier geht die Geschichte von Buck gut zu Ende.

到这里，巴克的故事终于结束了。

In den folgenden Jahren bemerkten die Yeehats seltsame Wölfe.

在随后的几年里，伊哈特人注意到了奇怪的狼。

Einige hatten braune Flecken auf Kopf und Schnauze und weiße Flecken auf der Brust.

有些动物的头部和口鼻部呈棕色，胸部呈白色。

Doch noch mehr fürchteten sie sich vor einer geisterhaften Gestalt unter den Wölfen.

但他们更害怕狼群中出现的幽灵。

Sie sprachen flüsternd vom Geisterhund, dem Anführer des Rudels.

他们低声谈论着这群狗的首领——幽灵狗。

Dieser Geisterhund war schlauer als der kühnste Yeehat-Jäger.

这只幽灵狗比最大胆的 Yeehat 猎人还要狡猾。

Der Geisterhund stahl im tiefsten Winter aus Lagern und riss ihre Fallen auseinander.

幽灵狗在隆冬时节从营地偷走东西并撕碎了陷阱。

Der Geisterhund tötete ihre Hunde und entkam ihren Pfeilen spurlos.

鬼狗杀死了他们的狗，躲过了他们的箭，无影无踪。

Sogar ihre tapfersten Krieger hatten Angst, diesem wilden Geist gegenüberzutreten.

即使是最勇敢的战士也害怕面对这个野蛮的灵魂。

Nein, die Geschichte wird im Laufe der Jahre in der Wildnis immer düsterer.

不，随着荒野中岁月的流逝，故事变得更加黑暗。

Manche Jäger verschwinden und kehren nie in ihre entfernten Lager zurück.

一些猎人消失了，再也没有回到遥远的营地。

Andere werden mit aufgerissener Kehle erschlagen im Schnee gefunden.

其他人被发现喉咙被撕开，被杀害在雪地里。

Um ihren Körper herum sind Spuren – größer als sie ein Wolf hinterlassen könnte.

它们的身体周围有足迹——

比任何狼留下的足迹都要大。

Jeden Herbst folgen die Yeehats der Spur des Elchs.

每年秋天，耶哈特人都会追寻驼鹿的踪迹。

Aber ein Tal meiden sie, weil ihnen die Angst tief im Herzen eingegraben ist.

但他们避开了一个山谷，因为恐惧深深地刻在了他们的心里。

Man sagt, dass der böse Geist dieses Tal als seine Heimat ausgewählt hat.

据说这个山谷是恶魔选定的家园。

Und wenn die Geschichte erzählt wird, weinen einige Frauen am Feuer.

当这个故事被讲述出来时，一些妇女在火堆旁哭泣。

Aber im Sommer kommt ein Besucher in dieses ruhige, heilige Tal.

但到了夏天，一位游客来到了那座安静、神圣的山谷

Die Yeehats wissen nichts von ihm und können es auch nicht verstehen.

耶哈特人不认识他，也无法理解他。

Der Wolf ist großartig und mit einer Pracht überzogen wie kein anderer seiner Art.

这只狼非常伟大，浑身散发着荣耀，与同类中其他狼都不一样。

Er allein überquert den grünen Wald und betritt die Waldlichtung.

他独自一人穿过绿色树林，进入森林空地。

Dort sickert goldener Staub aus Elchhautsäcken in den Boden.

在那里，驼鹿皮袋里的金色粉末渗入土壤。

Gras und alte Blätter haben das Gelb vor der Sonne verborgen.

草和老叶遮住了阳光下的黄色。

Hier steht der Wolf still, denkt nach und erinnert sich.

在这里，狼默默地站着，思考着，回忆着。

Er heult einmal – lang und traurig – bevor er sich zum Gehen umdreht.

他转身离开之前，发出一声漫长而悲伤的嚎叫。

Doch er ist nicht immer allein im Land der Kälte und des Schnees.

然而，在这片寒冷冰雪的土地上，他并不总是孤独的

Wenn lange Winternächte über die tiefer gelegenen Täler hereinbrechen.

当漫长的冬夜降临低洼山谷时。

Wenn die Wölfe dem Wild durch Mondlicht und Frost folgen.

当狼群在月光和霜冻中追逐猎物时。

Dann rennt er mit großen, wilden Sprüngen an der Spitze des Rudels entlang.

然后他跑在队伍的最前面，高高跃起，狂野不已。

Seine Gestalt überragt die anderen, aus seiner Kehle erklingt Gesang.

他的身形高大，嗓音中充满歌声。

Es ist das Lied der jüngeren Welt, die Stimme des Rudels.

这是年轻世界的歌声，是狼群的声音。

Er singt, während er rennt – stark, frei und für immer wild.

他一边奔跑一边歌唱——坚强、自由、永远狂野。